든든한 **아침밥**부터 ✦ 가벼운 **브런치**까지

영양사 다른맘의

오늘, 아이 첫 끼

일러두기
* 《오늘, 아이 첫 끼》의 레시피는 유아, 아동을 대상으로 합니다. 유아는 이유식 완료기를 끝낸 약 15~18개월 이후부터 만 6세까지, 아동은 그 이후의 유치·초등생을 이릅니다. 아직 간을 하지 않는 유아의 경우, 해당 레시피의 소금이나 간장 등의 양념을 제외하고 조리해 주세요.
* 음식 이름은 대체로 외래어 표기법을 따랐으나 통상적으로 쓰는 말이 아닌 경우, 일반적으로 통용되는 알기 쉬운 말로 표기하였습니다.

든든한 **아침밥**부터 ◆ 가벼운 **브런치**까지

영양사 다른맘의

오늘, 아이 첫 끼

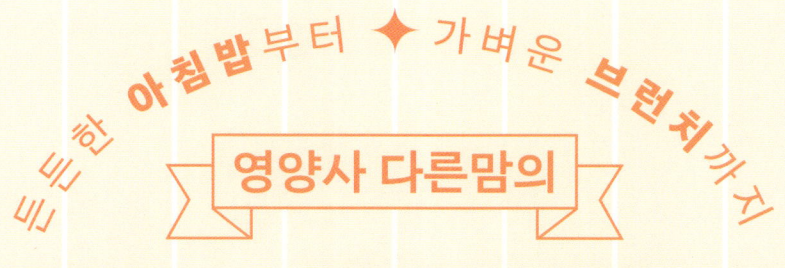

정은주 지음

온포인트

✦ PROLOGUE ✦

아이의 건강한 아침을 여는 '첫 끼'

저는 어린이집과 유치원 아이들의 식사를 구성하고, 초등학교 급식을 관리하는 영양사로 오래 근무했습니다. 대학에서 식품영양학을 전공한 시절부터 차근차근 이어온 공부와 경험의 연장선이었고, 덕분에 음식이 우리 몸과 마음에 얼마나 큰 영향을 미치는지 누구보다 잘 알고 있습니다. 그래서 아이가 태어나면 꼭 제 손으로 균형 잡힌 밥상을 차려주리라 다짐했어요.

요즘 부모님들은 음식에 대한 이해도가 매우 높습니다. 초가공 식품이나 과도한 당이 어린아이에게 어떤 영향을 미치는지, 바깥 음식보다 집밥이 왜 더 좋은지 잘 알고 계시죠. 하지만 알고 있어도 실천은 쉽지 않아요. 아이를 돌보면서 집안일을 하고, 동시에 매 끼니를 준비하는 일은 결코 간단하지 않으니까요.

저 역시 같은 고민을 안고 있었습니다. 그래서 아이가 생후 6개월 이유식을 시작할 때 기록용으로 인스타그램을 시작했는데, 놀랍게도 저와 같은 고민을 가진 엄마들이 정말 많이 공감해주셨어요. 매일 저에게 레시피를 물어보는 메시지가 쏟아졌고, 그때부터 자연스럽게 아이의 식탁을 공유하기 시작했습니다.

정성스레 재료를 썰고 찌고 삶고 볶고 구우며 아이 밥상을 차리는 데 아낌없이 시간을 쏟았어요. 하지만 어느 순간 깨달았어요. 엄마가 주방에만 오래 서 있을 수는 없다는 것. 그래서 집에 있는 재료를 활용하여 보다 단순하면서도 빠르게 만들 수 있는 방법을 찾기 시작했습니다. 이런 방식이 엄마에게도, 아이에게도 더 큰 도움이 되더라고요. 인스타그램을 팔로우하는 분들의 반응도 무척 좋았습니다.

저는 아이에게 그 흔한 과일 퓨레를 단독으로 준 적이 단 한 번도 없어요. 이유는 간단합니다. 과일을 갈거나 익히는 과정에서 섬유질이 파괴되고, 당 흡수 속도가 빨라져 혈당이 급격히 오르기 때문이에요. 이렇게 갑자기 올라간 혈당은 곧 빠르게 떨어지면서 아이의 기분 변화, 집중력 저하, 더 단 음식을 찾게 되는 문제로 이어질 수 있습니다. 아이들의 장 건강과 면역력에도 좋지 않은 영향을 줄 수 있고요. 그래서 저는 아침 첫 끼만큼은 단순 탄수화물만으로 차리지 않으려고 했습니다.

아이 밥상을 제 손으로 차리면서 더욱 깊이 알게 되었습니다. 삼시세끼 중에 아이의 하루를 여는 첫 끼가 정말 중요하다는 것을요. 아이가 잠자는 동안 에너지를 소비하고, 오랜 공복 끝에 처음 몸에 들어가는 음식이 단순당이나 정제 탄수화물 위주라면(당도 높은 과일, 가공된 시리얼, 흰쌀 누룽지 등) 충분히 먹었음에도 금세 허기지고, 혈당이 출렁이며 장내 불균형으로 인해 면역세포의 기능이 저하될 수 있어요. 반대로 요즘 성인식에서 강조되는 '혈당을 올리지 않는 첫 끼' 역시 유아기, 아동기에선 마냥 이롭지 않을 수 있습니다. 만약 탄수화물을 극단적으로 줄여 너무 혈당이 낮은 상태로 하루를 시작하면 오히려 무기력하거나 집중이 잘 되지 않는 경우가 생길 수 있거든요. 아이에게는 성장에 필요한 에너지와 안정적인 혈당 유지, 두 가지가 모두 중요합니다.

그렇다면 아침 한 끼에는 무엇을 담아야 할까요? 어떤 기준을 충족한 음식이어야 할까요?

- 소화가 잘되고 든든하면서 아이 입맛에 꼭 맞는 음식
- 복합 탄수화물 + 양질의 단백질 + 건강한 지방 + 풍부한 식이섬유가 골고루 들어간 균형 잡힌 음식

이것이 바로 이 책 《오늘, 아이 첫 끼》 레시피가 가진 특징입니다.

사실 특별한 식재료가 아니더라도, 냉장고에 항상 있는 재료만으로도 충분히 균형 잡힌 아침 한 끼를 만들 수 있습니다. 완벽한 식탁을 차리려다가 엄마가 지레 지쳐서 더는 아이에게 집밥을 해줄 수 없다면 아무 소용이 없지요. 흔히 구할 수 있는 재료로 빠르게 만들고, 간혹 전자레인지를 활용해 바쁜 아침에 더욱 편하게 조리할 수 있는 메뉴로 구성했어요.

되도록 초가공 식품을 배제하고 천연 재료로 찌거나 삶아 조리하려고 했지만, 아이의 입맛을 돋워야 할 땐 건강한 기름으로 볶거나 굽기도 했어요. 때로는 편의성을 위해 삶은 병아리콩이

  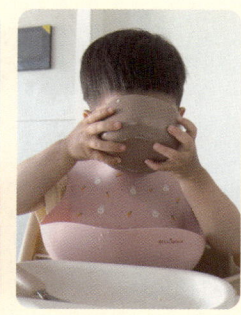

나 토마토소스 시판 제품의 도움을 받기도 했습니다. 단, 깐깐한 눈으로 인공 첨가물이 적은 제품을 골랐어요. 이 책에 담긴 레시피들은 '편의성'과 '지속 가능성'이라는 커다란 두 가지 관점에서 중심을 잡으며 만들어나간 것들입니다.

'아이 아침은 또 뭐 먹이지?' 하고 늘 고민했던 분들에게 분명 유용한 책이 될 것이라고 생각합니다. 매일의 첫 끼가 더 이상 버거운 숙제가 아니라, 아이의 몸과 마음에 든든한 힘이 되어주는 시작점이 되기를 바랍니다.

끝으로, 이 책이 세상에 나오기까지 함께해 주신 분들께 감사의 마음을 전합니다. 인스타그램 팔로워가 2만 명에 불과하던 시절, 제가 올리는 아이 식단 사진과 레시피를 좋아해 주시며 책을 내보자고 제안해 주신 온포인트 출판사 대표님께 진심으로 감사드립니다. 덕분에 제가 용기를 내어 글을 쓰고, 한 걸음 더 나아갈 수 있었습니다.

매일 제게 힘이 되는 따뜻한 메시지를 보내주시는 팔로워분들께도 깊이 감사드립니다. 이런 메시지 하나하나가 저에게는 큰 원동력이 되었고, 매일의 레시피를 멈추지 않고 이어갈 수 있었던 이유가 되었어요.

"요알못 워킹맘인데 덕분에 아이에게 영양 가득한 맘마와 간식을 많이 만들어주고 있어요."
"포기하고 있던 아이 건강식을 새삼 할 수 있게 목덜미 잡고 끌어당겨 주셔서 감사해요."
"채소를 전혀 먹지 않던 아이가 오랜만에 영양이 골고루 담긴 밥다운 밥을 잘 먹었어요."

소중한 우리 가족에게도 감사 인사를 전합니다. 매일 엄마가 더 성장할 수 있게끔 이 세상에 태어나준 다른이, 바른이에게 사랑한다고 말하고 싶어요. 책을 쓰는 긴 시간 동안 옆에서 항상 응원하고 도와준 남편에게도 큰 고마움을 전합니다.

CONTENTS

PROLOGUE

아이의 건강한 아침을 여는 '첫 끼' ······ 9

GUIDE

아이 첫 끼, 왜 중요할까? ······ 18
아이 첫 끼, 건강한 공식 ······ 20
아이 첫 끼, 활용도 좋은 식재료 11 ······ 23
아이 첫 끼, 빠르게 뚝딱 차리는 팁 ······ 35
아이 첫 끼, 전자레인지 활용하기 ······ 37
아이 첫 끼, 전자레인지 레시피 ······ 40
맛있고 안전한 시판 양념 고르기 ······ 44
쉽고 편한 밥숟가락 계량법 ······ 48

**PART 1.
5~10분 컷 퓨전식 레시피**

라따뚜이순두부 샥슈카 ······ 52
흰살생선 달걀밥찜 ······ 54
베지오트바 ······ 56
콜리플라워와플 ······ 58
두부크림 들깨오트밀죽 ······ 60
배추강된장두부 ······ 62
양배추명란 삼각김밥 ······ 64
두부버섯 사골리소토 ······ 66
새우버섯 납작쫀득전 ······ 68
타코라이스 ······ 70
로제소고기리소토 ······ 72
두부양배추오믈렛 ······ 74
애호박크레페 ······ 76
소고기가지 토마토범벅 ······ 78
초간단 김밥전 ······ 80
케일사과 팬케이크 ······ 82
고등어마요밥볼 ······ 84
아보크림리소토 ······ 86

바나나아몬드 팬케이크 ········ 88
당근치즈볼 ········ 90
브로콜리치즈프리터 ········ 92
연근치즈전 ········ 94
감자새우랑땡 ········ 96
단호박당근 에그슬럿 ········ 98
사과당근프리터 ········ 100
카레두부채소전 ········ 102
단호박피자슬럿 ········ 104

PART 2.
간편하고 든든한 한 그릇 메뉴

5분 비빔밥 ········ 108
구운두부 달걀덮밥 ········ 110
낫토오이볶음밥 ········ 112
가지소고기밥 ········ 114
목살숙주덮밥 ········ 116
시금치코코넛카레밥 ········ 118
미역달걀덮밥 ········ 120
5분 소고기콩나물밥 ········ 122
토마토마파두부덮밥 ········ 124
오코노미야키덮밥 ········ 126
보들달걀새우덮밥 ········ 128
데리야키 가지두부덮밥 ········ 130
오리오이들깨밥 ········ 132
양배추김덮밥 ········ 134
우삼겹배추덮밥 ········ 136
탱탱새우가지덮밥 ········ 138
간장달걀양배추밥 ········ 140
콜리플라워밥(저탄수밥) ········ 142
사골숙주쌀국수 ········ 144
완두콩국수 ········ 146

PART 3.
가볍게 후루룩 수프·스무디

가지크림수프	150
당근마카다미아수프	152
사골양파수프	154
소고기토마토스튜	156
치킨누들수프	158
옥수수콜드수프	160
그린스무디	162
레드스무디	164
콜리바나나 저당아이스크림	166

PART 4.
여유롭고 근사한 주말 브런치

닭고기채소 프리타타	170
바나나브레드	172
달당샐러드	174
포테이토 퀘사디아	176
단호박미트파이	178
궁중파스타	180
요거트촉촉 닭다리구이	182
연어해시브라운	184
치킨토마토라이스	186
크리미애호박파스타	188
두부함박스테이크	190
탄두리윙치킨	192
양배추당근 코울슬로	194
닭다리살 감자전	196
가지크림 파스타 & 라자냐	198
고소미바사삭치킨	200

PART 5.
식사 대용 초간단 건강빵 · 간식

구아우니	204
닭안심버섯 에그머핀	206
단호박요거트케이크	208
영양달걀빵	210
고구마참깨쿠키	212
바나나타르트	214
밤사과소보로빵	216
병아리콩 브라우니	218
땅콩그릭샌드	220
두부감자떡	222
당생이볼	224
바나카도 오트밀머핀	226
멸치즈팝	228
사과당근카스테라	230
시금치고구마 치즈호떡	232
양배추콘치즈빵	234
당근케이크맛 쫀득볼	236

PART 6.
자유자재 만능 소스 · 토핑

버섯페이스트	240
아보에그소스(&기버터 당근구이)	242
땅콩소스	244
요거트참깨소스	246
라구베이스 (화이트라구소스 · 토마토라구소스)	248
고구마후무스	250
어린이토마토케첩	252
만능간장	254
만능양파볶음	256
만능소고기볶음	258

INDEX

찾아보기(주재료별)	260

GUIDE

아이 첫 끼, 왜 중요할까?

✦

아이 첫 끼, 건강한 공식

✦

아이 첫 끼, 활용도 좋은 식재료 11

✦

아이 첫 끼, 빠르게 뚝딱 차리는 팁

✦

아이 첫 끼, 전자레인지 활용하기

✦

아이 첫 끼, 전자레인지 레시피

✦

맛있고 안전한 시판 양념 고르기

✦

쉽고 편한 밥숟가락 계량법

 # 아이 첫 끼, 왜 중요할까?

요즘 들어 '공복 첫 끼'의 중요성에 공감하는 분들이 많아졌어요. 보통은 혈당을 급격히 올리지 않는 단백질, 섬유질 위주의 가벼운 음식으로 잠자고 있던 위장을 부드럽게 깨우는 것을 권장합니다. 하지만 성인과 아이의 첫 끼의 기준이 완전히 같을 수는 없어요. 아이에게 첫 끼가 왜 중요하고, 어떤 기준을 가지면 좋을지 함께 살펴봐요.

1. 아이의 장기는 아직 작아요.

아이는 음식을 소화하는 위장과 영양소를 저장하는 간이 아직 성인에 비해 작아요. 위는 한 번에 많은 음식을 담기 어렵고, 간은 에너지를 오래 저장하지 못해 밤사이 소비한 영양을 아침에 채워주지 않으면 금세 지칠 수 있지요. 그래서 어제 저녁을 충분히 먹었다 해도, 아침을 거르면 특정 영양소가 부족해지거나 전반적인 영양 불균형이 생길 수 있어요. 특히 성장기 아이는 성인보다 더 자주, 규칙적인 식사를 하는 게 좋아요. 엄마 아빠가 배고프지 않더라도, 조금 바쁘고 귀찮더라도 아이의 아침을 챙겨야 하는 이유가 여기에 있습니다.

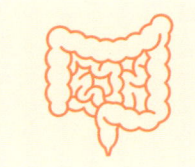
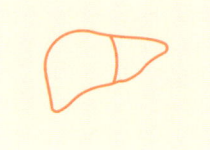

2. 공복 첫 음식은 중요해요.

이제 막 잠에서 깨어난 아이의 위와 장은 매우 민감한 상태예요. 따라서 첫 끼로 무엇을 선택하느냐에 따라 하루의 컨디션은 물론, 장기적인 건강까지도 좌우할 수 있어요. 어떤 음식은 빈 속에 들어와 아이 몸의 시스템을 부드럽게 깨우고 혈당을 안정시켜요. 어떤 음식은 오히려 위장에 부담을 주고 대사의 균형을 깨뜨려 하루를 피곤하게 만들 수 있죠. 위장에 들어왔을 때 부드럽게 소화되면서 든든한 에너지가 되어주는 음식을 잘 선택해야 해요.

3. 하루의 컨디션, 집중력을 좌우해요.

좋은 음식으로 에너지 공급이 적절히 이뤄지면 아이의 컨디션이 좋아져요. 든든한 첫 끼 식사가 뇌에 시동을 걸고, 집중력을 올리는 데 도움을 줍니다. 뇌세포에 포도당이 부족한 것을 '저혈당'이라고 하는데요. 이 상태에선 기분 좋게 등원·등교하거나 무언가에 집중하는 게 어려울 수 있어요. 저혈당 증세가 심해지면 손이 떨리고 눈에 초점이 없으며 기운이 없는 증상이 나타나기도 해요. 실제로 아침 식사를 하는 학생일수록 학업 성취도가 높고, 지각·결석률이 낮아진다는 연구 결과도 있어요.

4. 평생 건강한 식사 습관을 유지해요.

아침을 거르는 아이는 간식을 자주 섭취하고, 점심·저녁에 과식하게 되는 경향이 있다는 연구 결과가 있어요. 이런 습관은 비만이나 기타 질병으로 이어질 가능성이 큽니다. 과식하지 않고 정해진 시간에 적절한 양을 먹는 습관이 정착되면, 성인이 되어서도 규칙적인 식사 습관을 유지할 수 있어요.

5. 정서적 안정에 도움을 줘요.

건강한 아침 식사를 하는 아이가 더 나은 심리적·사회적 건강을 가지게 된다는 연구 결과가 있어요. 가족과 함께 아침을 먹으며 집에서 대화를 나누는 행위가 정서적으로 안정감을 주고, 가족 유대감을 높이는 데 도움을 주기 때문입니다. 반면, 아침 식사를 거르거나 밖에서 아침을 먹는 아이는 심리적·사회적 행동에서 문제가 발생할 가능성이 상대적으로 높다고 합니다. 밖에서 먹는 식사가 집에서 먹는 음식보다 영양가가 낮을 수 있고, 유대감을 형성하기 어려운 환경 때문이라고 추정할 수 있어요.

 아이 첫 끼, 건강한 공식

아이 첫 끼 메뉴를 구성할 때 어떤 기준을 가지면 좋을까요? 초가공 식품을 최대한 배제하고, 건강한 식재료로 영양 밸런스를 챙기면서, 아이가 맛있게 먹을 수 있는 메뉴라면 훌륭합니다.

1. 초가공 식품 없이 건강한 식재료로 만들어요.

가장 큰 기준은 초가공 식품을 사용하지 않고, 자연에서 얻은 채소, 해산물, 고기 등의 식재료로 첫 끼를 만드는 것이에요. 노바 식품 분류법을 참고하면 기준을 정하기 수월한데요. 이는 식품의 가공 정도에 따라 4가지 그룹으로 나누어 놓은 체계입니다. 저는 노바 4그룹의 초가공 식품을 최대한 배제하고, 노바 1그룹의 무가공 식품을 주된 식재료로 사용하려고 했어요. 노바 2, 3 그룹도 활용하되 경우에 따라 선택하거나 과도하게 사용하지 않도록 안내하였습니다.

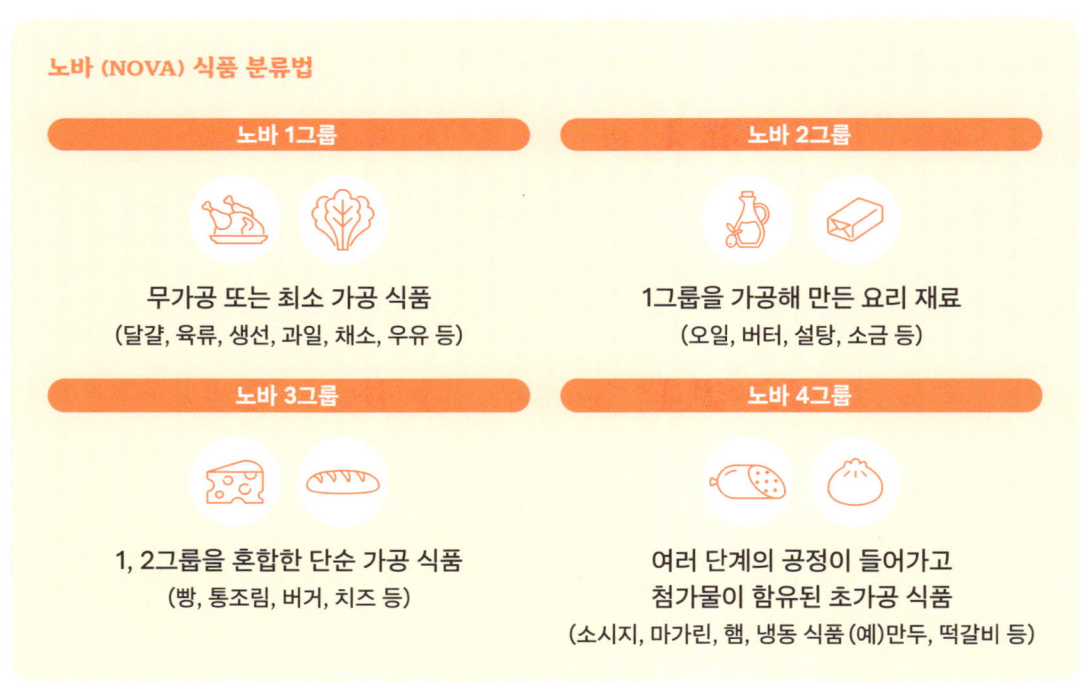

2. 과도하게 탄수화물을 제한하지 않아요.

아이 뇌의 주요 에너지원은 포도당이에요. 성인의 공복 첫 끼는 간혹 '다이어트'라는
목적이 더해지면서 탄수화물을 과도하게 제한하는 경우가 있는데요. 유아기, 아동기
아이에게 첫 끼는 '에너지 공급'이라는 중요한 역할도 합니다.

따라서 탄수화물을 줄이기보다는 질 좋은 탄수화물을 선택하는 게 중요해요. 오트밀을 비롯해 잡곡, 감자, 고구마 등의 건강한 복합 탄수화물 위주로 구성하였고, 편의성과 아이의 소화기 등을 고려해 흰쌀밥과 파스타면은 허용했습니다. 소화기가 다소 약한 아이라면, 흰쌀밥과 잡곡밥을 번갈아 섭취하며 조금씩 잡곡의 비중을 늘려나가도 좋아요.

3. '탄 + 단 + 지 + 채'를 기본으로 메뉴를 구성해요.

3대 영양소인 탄수화물, 단백질, 지방에 채소 즉 섬유질, 비타민, 미네랄을 고려하면, 건강한 첫 끼 식단을 짜기 쉬워요. 특히 단독으로 먹는 것보다 이렇게 여러 영양소를 함께 섭취할 때 이로운 점이 많습니다. 예를 들어 감자나 고구마는 복합 탄수화물에 속하지만, 단독으로 먹을 때 혈당을 빠르게 올릴 수 있어요. 하지만 단백질이나 복합 탄수화물, 건강한 지방, 식이섬유가 풍부한 음식과 같이 먹으면 혈당이 급격히 오르는 걸 어느 정도 방지해 줍니다.

한편, 가볍고 부드러운 두부, 달걀, 해산물 등을 자주 활용해 속 편하고 든든하게 단백질을 채웠습니다. 훌륭한 단백질 공급원인 소고기도 아이에게 중요한 식재료라 더 많이, 더 쉽게 먹일 수 있는 메뉴로 구성하였고요. 지방은 포만감과 혈당 안정, 뇌 발달을 고려해 질 좋은 지방, 즉 올리브오일, (기)버터, 아보카도, 견과류, 달걀 노른자, 등푸른 생선 등으로 채우려 했어요. 이런 기준을 세워 아이를 위한 건강한 식단을 짜도록 노력하면서 큰 틀에서 벗어나지 않는다면 유연하게 허용하는 것도 필요합니다. 무엇보다 지속 가능한 게 중요하니까요.

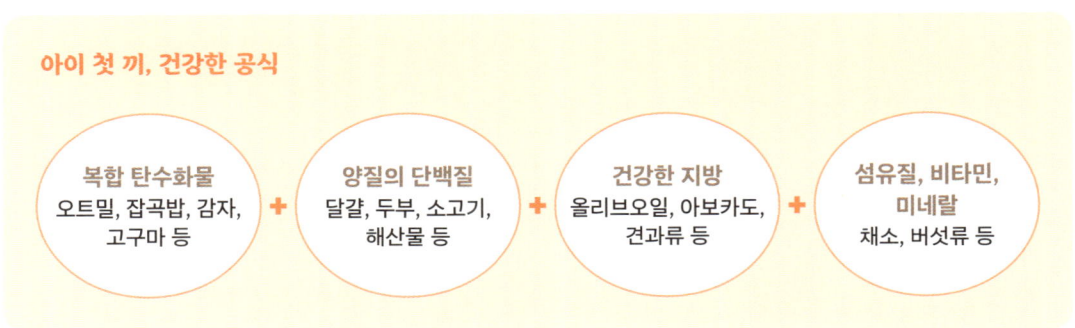

아이 첫 끼, 건강한 공식

복합 탄수화물
오트밀, 잡곡밥, 감자, 고구마 등
+
양질의 단백질
달걀, 두부, 소고기, 해산물 등
+
건강한 지방
올리브오일, 아보카도, 견과류 등
+
섬유질, 비타민, 미네랄
채소, 버섯류 등

4. 저염·저당 레시피를 고수해요.

아이가 어릴 때부터 짠맛과 단맛에 길들지 않고, 슴슴한 자연의 맛을 느낄 수 있게끔 소금과 단순당은 제한해 요리했어요. 유아식 초기까지는 무염 메뉴를 제공했고, 대략 22개월 이후부터는 나트륨을 조금씩 활용해 요리했어요. 소금 1꼬집 정도는 음식 맛을 살려주고, 아이의 입맛을 돋우니까요. 나트륨은 전해질 균형을 유지하고 체액량을 조절하는 역할도 해요. 다만, 정제당인 설탕은 허용하지 않고 과일이나 채소에서 우러난 천연의 단맛을 활용했어요. 단맛이 추가로 필요할 때는 정제당 대신 영양 성분과 미네랄이 남아있는 비정제원당이나 혈당을 급격히 올리지 않는 알룰로스를 선택적으로 소량 사용하도록 안내했어요.

5. 영양 균형과 함께 조리 편의성을 생각했어요.

영양 균형이 훌륭하고 건강에 좋은 메뉴라도 조리 과정이 어렵거나 번거로워 엄두가 안 난다면 지속 가능하지 않지요. 영양 균형은 기본적으로 챙기면서 여기에 더해 빠르고 간편하게 조리할 수 있는 요리로 엄선했어요. 전자레인지 등을 활용해 시간을 단축하고 조리 편의성을 높였답니다.

6. 유아부터 초등까지 맛있게 먹는 한 접시, 한 그릇 메뉴입니다.

아무리 건강한 식사라도 아이가 먹지 않으면 소용이 없어요. 건강식이라는 기준 아래 정작 아이에게 중요한 '맛'이 없다면, 즐겁게 먹어야 할 식사가 곤혹스러운 과정이 됩니다.

맛있게 먹을 수 있는 메뉴이면서 조리하는 어른도, 먹는 아이도 편할 수 있게 한 접시, 한 그릇에 담았어요. 반찬이나 국을 따로 준비하지 않기에 서로에게 간편한 첫 끼가 될 거예요. 또 첫 끼 메뉴는 기본적으로 부드럽고 소화가 잘되며 자극적이지 않아요. 그래서 유아부터 초등까지 따로 구분하지 않고 모든 아이가 잘 먹을 수 있답니다. 단, 아직 간을 하지 않는 유아의 경우 해당 레시피의 소금이나 간장 등의 양념을 제외하고 조리해 주세요.

유아식과 아동식을 먹는 시기는 아이마다 조금씩 다를 수 있지만, 다음의 기준을 참고하면 무리가 없습니다. 유아식을 먹는 시기는 이유식 완료기를 끝낸 약 15~18개월 이후부터, 늦어도 두 돌인 24개월을 기점으로 시작하여 만 6세까지를 이릅니다. 아동식은 그 이후의 유치·초등생이 먹는 식사라고 보면 됩니다.

아이 첫 끼, 활용도 좋은 식재료 11

첫 끼를 만드는 식재료는 여기저기 다양한 레시피에 활용하기 좋아야 해요. 구하기 쉽고, 꼭 필요한 영양소를 품고 있으면서, 소화가 잘되는 식재료 베스트 11을 꼽아봤어요. 냉장고에 이 재료가 있다면, 지금 바로 대표 레시피로 요리해 보세요.

 달걀 [단백질] [지방]

달걀 1개에는 약 6g의 단백질이 포함돼 있고, 필수 아미노산을 균형 있게 갖추고 있어요. 비타민 A, D, E, B군이 풍부해 시력 보호, 뼈 건강, 혈액 생성 등에 도움을 주고요. 특히 노른자에 풍부한 콜린은 두뇌 기능 향상에도 효과적입니다. 유아의 달걀 권장 섭취량은 하루 1개, 초등생의 경우 하루 1~2개 정도입니다. 되도록 난각번호 1번의 건강하고 신선한 달걀을 선택하면 좋아요. 난각번호는 닭이 자란 환경을 알려주는 기준으로 1번 달걀은 자연 방사한 닭이 낳은 달걀을 뜻합니다.

✦ **달걀 요리 대표 레시피**

라따뚜이순두부 샥슈카   p.52   흰살생선 달걀밥찜   p.54   두부양배추오믈렛   p.74

애호박크레페　　　p.76

초간단 김밥전　　　p.80

아보크림리소토　　　p.86

브로콜리치즈프리터　　　p.92

보들달걀 새우덮밥　　　p.128

단호박당근 에그슬럿　　　p.98

닭고기채소 프리타타　　　p.170

미역달걀덮밥　　　p.120

간장달걀양배추밥　　　p.140

영양달걀빵　　　p.210

닭안심버섯 에그머핀　　　p.206

달당샐러드　　　p.174

두부 [단백질] [미네랄]

보들보들 부드러운 식감의 두부는 필수 아미노산, 식물성 단백질이 풍부해요. 80% 이상의 수분을 품은 저칼로리, 고단백 식품으로 특히 소화 흡수율이 높아서 아직 위장이 약한 아이에게 소화 부담이 적어요. 다른 재료와 잘 어울리고 맛이 강하지 않아 아이 입맛을 맞추기 수월하고, 빠르고 간편하게 여러 요리에 활용하기도 좋아서 아침 식재료로 추천해요. 두부를 고를 때는 되도록 유기농 국산콩으로 만든 두부인지 확인하고 구매하는 편입니다.

✦ **두부 요리 대표 레시피**

두부크림 들깨오트밀죽 p.60

라따뚜이순두부 샥슈카 p.52

배추강된장두부 p.62

두부양배추오믈렛 p.74

구운두부 달걀덮밥 p.110

토마토마파두부덮밥 p.124

두부함박스테이크 p.190

두부감자떡 p.222

카레두부채소전 p.102

양배추 [비타민 U·C] [식이섬유]

브로콜리, 케일 등과 같은 십자화과 채소로, 식이섬유와 비타민 U가 풍부하고 소화도 잘돼서 아침 식사의 단골 재료예요. 속이 편하면서 든든한 한 끼를 만드는 데 더할 나위 없는 채소입니다. 생으로 먹을 땐 아삭아삭한 식감과 개운한 맛, 익혀 먹을 땐 부드럽고 달콤한 맛이 돋보여요. 양배추를 고를 땐 겉잎이 연한 녹색을 띠고, 잎이 촘촘하게 감싸져 있으며, 끝에 시든 부분이 없는지 확인해서 신선한 것으로 구매해요.

✦ **양배추 요리 대표 레시피**

| 양배추명란 삼각김밥 p.64 | 두부양배추오믈렛 p.74 | 오코노미야키덮밥 p.126 |

| 양배추김덮밥 p.134 | 간장달걀양배추밥 p.140 | 그린스무디 p.162 |

| 양배추당근 코울슬로 p.194 | 양배추콘치즈빵 p.234 |

콜리플라워·브로콜리 [비타민 C·K] [식이섬유]

콜리플라워와 브로콜리는 세포 건강과 면역력에 도움을 주는 십자화과에 속하는 채소로 외형은 서로 비슷해 보이지만, 색과 맛에서 차이가 있어요. 크림색의 콜리플라워는 잎이 부드럽고 식감이 연하며 맛이 담백해요. 초록색의 브로콜리는 비교적 식감이 아삭하고 씁쓸한 맛이 좀 더 강합니다. 원재료 그대로 주면 아이의 기호도가 낮을 수 있지만, 조리법과 재료 조합을 조금만 신경 써도 맛있게 먹일 수 있어요.

✦ **콜리플라워·브로콜리 요리 대표 레시피**

콜리플라워와플 p.58

콜리플라워밥(저탄수밥) p.142

콜리바나나 저당아이스크림 p.166

브로콜리치즈프리터 p.92

연어해시브라운 p.184

그린스무디 p.162

닭고기채소 프리타타 p.170

달당샐러드 p.174

감자새우랑땡 p.96

토마토 [비타민 A·C] [라이코펜]

토마토가 빨갛게 익어가면 의사의 얼굴은 파래진다고 하죠. 비타민 A, B, C 등을 골고루 갖춘 '종합 비타민' 채소로 항산화 효과와 암 예방에 도움이 되는 라이코펜 성분이 풍부해요. 특히 토마토에 열을 가하면 라이코펜이 세포벽 밖으로 빠져나와 우리 몸에 흡수되기 좋은 형태가 되고, 올리브오일 등 지방과 함께 조리하면 흡수율을 더욱 높일 수 있어요. 새콤하고 달콤한 맛으로 양식을 비롯해 퓨전식에도 두루 활용하기 좋은 채소랍니다.

✦ **토마토 요리 대표 레시피**

소고기가지 토마토범벅 p.78

토마토마파두부덮밥 p.124

소고기토마토스튜 p.156

레드스무디 p.164

치킨토마토라이스 p.186

로제소고기리소토 p.72

라따뚜이순두부 샥슈카 p.52

어린이토마토케첩 p.252

타코라이스 p.70

당근 [비타민 A·C] [식이섬유]

맛과 향이 진한 편이라 아이에겐 호불호가 있을 수 있지만, 그만큼 존재감이 확실하고 영양소가 풍부해 쉽사리 포기할 수 없는 채소예요. 베타카로틴, 비타민 A, C, 식이섬유, 칼륨 등이 함유되어 시력 보호와 면역력 강화, 소화 건강 등에 도움을 줍니다. 특히 익혀 먹었을 때 베타카로틴의 체내 흡수율을 크게 높일 수 있어 조리 과정을 거치는 게 유익해요. 가열하면 단맛이 증가해 아이가 먹기도 좋고, 부드러운 식감으로 소화도 쉽게 됩니다.

✦ 당근 요리 대표 레시피

당근치즈볼　　p.90　　단호박당근 에그슬럿　　p.98　　사과당근프리터　　p.100

당근마카다미아수프　　p.152　　달당샐러드　　p.174　　양배추당근 코울슬로　　p.194

당생이볼　　p.224　　사과당근카스테라　　p.230　　당근케이크맛 쫀득볼　　p.236

감자 [탄수화물] [식이섬유]

기름에 튀긴 감자는 칼로리와 지방이 높아 아이의 건강에 해로울 수 있어요. 삶거나 찌거나 굽는 방식으로 감자를 섭취하면, 부드럽고 고소한 맛과 든든한 포만감을 느낄 수 있습니다. 비타민 C, 칼륨, 식이섬유 등 다양한 영양소를 함유해 면역력, 혈압 조절, 소화 건강을 도와요. 전분의 끈끈한 특성을 활용해 겹치거나 뭉쳐서 아이가 집어먹기 좋은 형태를 만들 수도 있어요.

✦ **감자 요리 대표 레시피**

시금치코코넛카레밥　　p.118

포테이토 퀘사디아　　p.176

연어해시브라운　　p.184

닭다리살 감자전　　p.196

두부감자떡　　p.222

감자새우랑땡　　p.96

가지크림수프　　p.150

치킨누들수프　　p.158

닭고기채소 프리타타　　p.170

오트밀·오트밀가루 [탄수화물] [식이섬유]

귀리를 먹기 좋게 부수거나 납작하게 누른 곡물이 오트밀이에요. 풍부한 식이섬유가 소화 속도를 늦춰 혈당 급상승을 방지하는 복합 탄수화물의 대표주자예요. 불리거나 끓여서 죽의 형태로 섭취하기도 하고, 점성을 활용해 베이킹 재료로 쓰기도 해요. 오트밀가루는 귀리를 곱게 빻아 만든 가루 형태의 제품으로, 흰 밀가루 대신 베이킹에 활용하면 좀 더 안심하고 먹일 간식을 만들 수 있답니다.

✦ **오트밀 요리 대표 레시피**

베지오트바 　　　　　　p.56

두부크림 들깨오트밀죽 　　p.60

병아리콩 브라우니 　　　p.218

케일사과 팬케이크 　　　p.82

바나나브레드 　　　　　p.172

구아우니 　　　　　　　p.204

시금치고구마 치즈호떡 　p.232

바나카도 오트밀머핀 　　p.226

밤사과소보로빵 　　　　p.216

GUIDE　　　　　　　　　　　　　　　　　　　　　　　　　　　31

해산물 [단백질] [오메가-3 지방산]

양질의 단백질 공급원으로 바쁜 아침에 육류보다 가볍게 부담 없이 활용할 수 있어요. 특히 냉동 상태의 새우, 생선 등은 보관이 용이하고, 빠르게 해동해 바로 사용하기 편리해요. 새우는 100g당 무려 20~25g의 단백질을 함유하고 있고, 생선 역시 100g당 17~24g의 단백질을 품고 있는 고단백 식품이에요. 소화 흡수율이 높은 데다가 깊은 감칠맛을 내주어 한층 맛있고 건강한 메뉴를 만들어준답니다.

✦ 해산물 요리 대표 레시피

탱탱새우가지덮밥   p.138

오코노미야키덮밥   p.126

새우버섯 납작쫀득전   p.68

고등어마요밥볼   p.84

보들달걀새우덮밥   p.128

흰살생선 달걀밥찜   p.54

감자새우랑땡   p.96

연어해시브라운   p.184

양배추명란 삼각김밥   p.64

소고기 [단백질] [지방] [철분]

단백질, 지방, 철분, 아연, 미네랄 등 성장기 아이에게 꼭 필요한 영양소가 골고루 들어간 대표적인 고단백 식재료예요. 소고기의 중요성에 대해선 너무 많이 들어서 잘 알고 있는데, 아이가 잘 먹지 않으면 스트레스가 이만저만이 아니지요. 소고기 다짐육을 자주 활용하면서 채소 등의 다른 재료와 함께 조리하거나 혹은 소스가 풍부한 요리로 맛, 식감을 슬쩍 감춰도 좋아요. 소고기를 더 많이, 더 쉽게, 더 맛있게 먹일 수 있는 레시피들입니다.

✦ **소고기 요리 대표 레시피**

라구베이스
(화이트라구소스·토마토라구소스) p.248

로제소고기리소토 p.72

소고기토마토스튜 p.156

5분 비빔밥 p.108

가지소고기밥 p.114

5분 소고기콩나물밥 p.122

단호박미트파이 p.178

두부함박스테이크 p.190

만능소고기볶음 p.258

자투리 채소 [비타민] [미네랄] [식이섬유]

양파, 애호박, 당근, 가지 등 사실 어떤 채소라도 각각의 장점을 다 가지고 있어요. 대체로 소화가 편하고 칼로리가 낮으며 식이섬유와 비타민이 풍부합니다. 따라서 채소를 식재료로 선택할 때, 굳이 딱 하나를 고집하기보다 냉장고에 남은 재료로 편하게 조리해도 좋아요. 특히 냉장고에 어떤 채소가 있더라도 쉽게 뚝딱 요리할 수 있는 레시피가 있다면, 자투리 채소만으로 아이의 아침밥을 다채롭게 차려줄 수 있답니다.

✦ **자투리 채소 요리 대표 레시피**

베지오트바 p.56 5분 비빔밥 p.108 초간단 김밥전 p.80

고등어마요밥볼 p.84 영양달걀빵 p.210 카레두부채소전 p.102

닭고기채소 프리타타 p.170 치킨토마토라이스 p.186 소고기토마토스튜 p.156

아이 첫 끼, 빠르게 뚝딱 차리는 팁

아침에 바쁘고 정신없단 이유로 첫 끼를 챙기기 어려웠다면, 다음의 팁을 참고해 보세요. 조리 시간이 현저히 줄어들고 조리 과정이 훨씬 수월하게 느껴질 거예요.

1. 소스를 미리 만들어 냉동해요.
라구베이스, 만능간장, 버섯페이스트, 땅콩소스, 요거트참깨소스, 아보에그소스 등을 미리 만들어 냉장·냉동해 두면, 바로 꺼내 요리에 활용할 수 있어요.(PART 6 p.238 참고) 바쁜 아침에는 채소스틱만 구워서 아보에그소스에 찍어 먹거나, 버섯페이스트에 우유를 섞어 버섯크림수프를 뚝딱 만들 수 있어요.

2. 채소를 미리 손질해 보관해요.
볶음밥, 주먹밥, 스튜, 프리타타 등 자투리 채소는 어느 요리에나 쓰기 좋은데, 아침에 일일이 다지고 있자니 마음이 바쁘죠. 당근, 양파, 애호박 등 자주 쓰는 채소를 미리 잘게 다져서 1회분씩 소분해 냉장해 두었다가 바로 꺼내 사용해요.

3. 토핑을 만들어두었다가 자유롭게 활용해요.

만능소고기볶음(p.258 참고)을 만들어 냉장·냉동 가능한 큐브에 담아두면 1회분씩 꺼내 주먹밥, 김밥, 짜장밥, 달걀말이, 프리타타 등에 바로 활용할 수 있어요. 만능양파볶음(p.256 참고)은 구운 빵 위에 올려 먹거나 카레가루에 물만 섞어 양파카레를 만들 수 있지요.

4. 파스타면은 미리 삶아 1회분씩 냉동해요.

펜네, 푸실리 등 파스타면을 미리 삶아 80~100g씩 소분해 냉동해 두면 아침을 차리는 조리시간이 확 줄어듭니다. 만약 라구베이스도 미리 만들어 냉동해 두었다면 면과 소스를 해동해 섞어주기만 하면 돼요. 밀키트보다 간편한 엄마표 첫 끼가 빠르게 완성된답니다.

5. 전자레인지, 에어프라이어를 활용해요.

전자레인지, 에어프라이어는 불 앞에 서 있는 시간을 현저히 줄여줘요. 타이머 설정 후에 주방에서 자리를 뜰 수 있게 도와줍니다. 특히 전자레인지는 채소, 육류 등의 재료를 찜기보다 빠르게 익혀주는 장점도 있어요.

6. 좋은 품질의 시판 양념으로 맛을 내요.

육수를 우리고 맛을 내려면 아무래도 시간이 필요한데요. 바쁜 아침에 긴 시간을 투자해 조리하기는 쉽지 않죠. 시판 양념만 잘 골라도 훨씬 빠르게 맛을 낼 수 있답니다.(p.44 참고)

팩트 체크 : ✓

전자레인지 조리가 음식의 영양소를 파괴할까?

전자레인지는 전자기파(마이크로파)로 물 분자를 진동시켜 열을 내는 원리로 음식을 데우거나 조리해요. 가스레인지나 인덕션과는 가열 방식이 다를 뿐, 음식의 분자를 변형하거나 방사능을 남기는 게 아니라는 것이 여러 연구를 통해 입증됐어요. 특히 미국 농무부(USDA)와 영국 케임브리지 대학 연구에 따르면, 오히려 열에 민감한 수용성 비타민(비타민 C 등)의 손실을 줄이는 데 유리하다고 밝히고 있어요.

아이 첫 끼, 전자레인지 활용하기

바쁜 일상에 간편하게 식재료를 익혀주는 전자레인지는 고마운 조리기구예요. 불 앞에 서지 않아도 되고, 평균적으로 조리시간이 짧아 영양소 파괴가 적으며, 타이머를 맞춰두면 다른 일을 할 수도 있어 편리하기까지 해요. 하지만 편리한 만큼 올바른 사용법을 지키지 않으면 안전사고로 이어질 수도 있으니 주의해서 잘 활용하기로 해요.

1. 안전한 전자레인지용 용기를 선택해요.

먼저, 용기 아랫면에 표기된 전자레인지 사용 마크(microwave-safe)를 확인하세요. 뚜껑이 있는 경우 뚜껑도 전자레인지 사용 가능한 용기인지 확인해야 합니다.

① 내열 유리, ② 금속 장식이 없는 도자기, ③ 스크래치가 없는 플래티넘 실리콘 소재의 용기가 안전합니다. 플라스틱 소재 중에서 고밀도 폴리에틸렌(HDPE)과 폴리프로필렌(PP) 재질은 전자레인지 사용이 가능하지만, 아이 요리를 하면서 굳이 사용하지는 않았어요.

특히 알루미늄 호일을 비롯해 금속 트림, 금속 장식 등은 스파크와 화재를 유발할 수 있으므로 절대 사용하지 마세요. 이밖에도 멜라민 수지, 페놀수지, 요소수지, 폴리에틸렌 테레프탈레이트(PET), 폴리스티렌(PS) 등은 전자레인지 사용이 금지되어 있습니다.

2. 뚜껑을 살짝 열거나 스팀 구멍 있는 것으로 사용해요.

전자레인지용 덮개나 뚜껑을 사용하면 수분 증발을 막고 음식물이 튀는 것을 방지할 수 있어요. 하지만 완전히 밀폐한 상태로 가열하면 내부 압력의 증가로 폭발할 수 있어요. 따라서 뚜껑을 살짝 열어두거나 공기 구멍이 있는 제품을 사용해서 되도록 안전하게 조리해요.

3. 중간에 끊어서 확인하고, 재료를 골고루 섞어요.

음식을 익히거나 데울 때 재료가 균일하게 가열돼야 조리시간을 절감할 수 있어요. 총 조리시간이 2분이라면 1분씩 끊어서 조리된 상태를 확인하고, 중간중간 재료를 골고루 섞어주세요. 아무래도 노출된 곳이 빨리 조리되기 때문에 아랫면에 있는 재료가 덜 익을 수 있어요. 조리가 끝난 후에도 잔열을 활용해 다시 한번 잘 섞어주세요.

4. 액체류는 빠르게 끓어오를 수 있어 주의해요.

전자레인지가 물 분자를 진동시켜 열을 내는 원리이다 보니 액체류를 데우거나 조리할 때 더욱 주의가 필요해요. 특히 우유는 빠르게 끓어올라 내부에 기포가 생기고, 압력이 급격히 증가해 용기가 터지거나 폭발하는 사고가 생길 수 있어요. 우유를 포함해 조리할 때는 15초, 30초씩 짧게 끊어서 중간에 상태를 꼭 확인하도록 해요.

5. 내부를 청소해서 위생, 효율을 챙겨요.

전자레인지 내부는 음식물이 튀기 쉬운 환경이에요. 잔여 음식물이 내부에 남아 있으면 세균이 번식할 뿐만 아니라, 불꽃이나 연기를 일으켜 화재로 이어질 수 있어요. 또 마이크로파가 고르게 반사되지 않아 조리 효율이 떨어지기도 해요. 전자레인지 내부를 청소할 때는 물과 식초(또는 레몬)를 1:1 비율로 섞어 내열 용기에 담고, 전자레인지에서 약 5분 이상 가열하며 수증기로 내부의 묵은 때와 냄새를 불려요. 이후 행주 등으로 내부 벽면, 천장, 바닥, 회전판 등을 꼼꼼히 닦아서 깔끔하게 유지해요.

전자레인지로 익히기 좋은 재료

다짐육
소고기, 돼지고기, 닭고기 등의 다짐육을 전자레인지에 조리하면, 빠르게 익혀 영양 손실을 최소화할 수 있어요. 완전히 익을 수 있게 용기에 고르게 펴서 가열하고, 중간중간 저어주면 균일하게 익는 데 도움이 돼요.

콜리플라워·브로콜리
끓는 물에 오래 삶거나 데치면 수용성인 비타민 C의 손실이 커질 수 있어요. 전자레인지로 짧게 익히면 비타민 C의 손실을 줄이고, 항산화 성분의 보존율을 높일 수 있답니다. 전자레인지에서도 오래 가열하면 자칫 수분이 증발해 질겨질 수 있으니 소량의 물을 넣고 뚜껑을 덮어 찌듯이 짧게 익히는 게 좋아요.

달걀
달걀은 여러 채소, 곡물, 고기와 함께 잘 섞어 조리하기 편리한 재료예요. 여러 재료가 부드럽게 어우러지게 도와주고, 몇 분 안에 익으며 고소한 풍미가 살아납니다. 다만, 달걀 노른자를 터뜨리지 않고 조리하면 내부 압력으로 인해 터질 수 있어요. 노른자를 포크로 꼭 터뜨린 후에 조리를 시작하세요.

당근·단호박
당근이나 단호박처럼 수분이 적고 단단한 채소는 익힐 때 시간이 오래 걸리는 편이에요. 적당한 크기로 자른 후 소량의 물과 함께 전자레인지에 돌리면, 촉촉함을 유지하며 익히는 시간을 절약할 수 있어요. 만약 단호박이 너무 단단해 잘라서 조리하기 어렵다면, 전자레인지에 먼저 익힌 후에 칼로 자르면 쉽게 조각낼 수 있어요.

아이 첫 끼, 전자레인지 레시피

전자레인지 레시피는 아이 요리를 하는 데 있어 장점이 무궁무진해요. 조리시간은 확 줄이고, 영양소 파괴도 적어서 자주 활용하시기를 추천합니다. 오직 전자레인지로만 조리하는 레시피 중 맛있고 간편한 메뉴를 모아서 소개할게요.

라따뚜이순두부 샥슈카 p.52
샥슈카는 토마토소스에 달걀을 넣어 익힌 중동식 요리입니다. 전자레인지에 총 3~4분 돌려 완성하는 레시피예요.

흰살생선 달걀밥찜 p.54
흰살생선, 팽이버섯, 채소 등을 다져 달걀, 밥과 함께 부드러운 찜으로 전자레인지에 익힌 요리예요.

베지오트바 p.56
전자레인지용 용기에 바나나를 으깨고 오트밀, 채소 등을 함께 넣어 익힌 후 바 형태로 잘랐어요.

소고기가지 토마토범벅 p.78
다짐육은 전자레인지용 용기에 골고루 잘 펼쳐서 익히면 돼요. 채소와 고기를 4~5분 익힌 후 치즈를 추가해 1분 더 익혀주면 완성!

5분 비빔밥   p.108

각각의 채소를 따로 조리할 필요가 없어요. 전자레인지용 용기에 채 썬 채소와 소고기 다짐육을 한꺼번에 넣어 익힌 후, 밥과 함께 비벼 완성하는 5분 컷 레시피입니다.

5분 소고기콩나물밥   p.122

단 5분 만에 전자레인지로 쉽고 빠르게 만드는데, 맛도 영양도 훌륭해요. 소고기콩나물밥이 번거롭다는 편견을 깨는 레시피예요.

단호박당근 에그슬럿   p.98

단호박, 당근처럼 딱딱한 채소를 전자레인지에 익히면 조리시간이 좀 더 단축돼요. 고소한 단호박, 당근과 부드러운 달걀의 만남!

토마토마파두부덮밥   p.124

토마토를 더한 퓨전식 마파두부로 아이 입맛에 부담스럽지 않고, 전자레인지를 활용해 조리까지 간편해요.

오리오이들깨밥 p.132

전자레인지용 용기에 밥을 깔고 훈제오리와 오이 등을 넣어 약 1분 30초 만에 완성하는 초간단 레시피예요.

간장달걀양배추밥 p.140

추억의 간장달걀밥의 섬유질 업그레이드 버전! 전자레인지로 단 2분 만에 만드는데 든든하고 맛있어요.

양배추김덮밥 p.134

양배추와 김의 조화는 의심할 여지가 없지요. 전자레인지에 양배추를 살짝 익히고, 양념을 뿌린 후 김가루 넣어 마무리해요.

데리야키 가지두부덮밥 p.130

아침 소화에 부담 없는 두부와 가지를 데리야키소스에 버무리고, 전자레인지로 간단하게 조리해 따끈한 밥 위에 올려요.

단호박피자슬럿　　　　p.104
도우는 밀가루가 아니라 단호박! 전자레인지로 단호박을 익혀 조리시간을 확 줄이고 건강한 피자 맛을 냈어요.

구아우니　　　　p.204
아보카도와 고구마, 달걀과 오트밀을 초퍼에 갈아 전자레인지에 익혀 부드러운 브라우니 제형을 만들었어요.

당근케이크맛 쫀득볼　　　　p.236
설탕, 밀가루 없이 전자레인지로 단 1~2분 조리하는데, 카페에 파는 당근케이크 맛이 나요.

사과당근카스테라　　　　p.230
사과, 당근, 달걀, 땅콩버터를 함께 갈아서 전자레인지에 4분 익혀주면 폭신폭신 건강한 카스테라 완성!

 맛있고 안전한 시판 양념 고르기

아이 요리의 맛을 한층 살려주면서 성분은 안심할 수 있는 시판 양념을 다른맘의 깐깐한 기준으로 골랐어요. 단순히 '아기 간장', '아기 된장' 등의 이름이 붙었다는 이유로 절대 안전하지 않아요. 반드시 제품 뒷면의 성분표에서 원재료명, 제품 유형, 첨가물 유무, GMO(유전자 변형) 여부 등을 확인하세요.

1. 된장
국산 콩과 천일염으로 담근 전통장이 적합합니다. 시중에 '아기 된장'으로 판매하는 제품 중 일부는 콩 100% 메주 된장이 아니라 밀가루, 전분, 설탕, 조미료 등을 섞어서 만든 가공 된장인 경우가 있어요. 이름 때문에 순수 재래식 장으로 오해하기 쉬운데, 사실은 맛을 순하게 만들거나 발효 부담을 줄이려고 첨가물을 넣는 거죠. 제품을 고를 때는 성분표에서 국산콩 여부, 첨가물(밀가루, 설탕, 조미료 등) 유무 등을 직접 확인하세요.

추천 제품 마야항아리 보리된장, 맥된장

2. 간장
식품 유형이 그냥 '간장'이 아닌 '한식 간장'으로 표기된 제품을 고르는 게 좋아요. 전통 방식으로 자연 발효한 간장은 화학조미료 등 첨가물에 의존하지 않고도 풍부한 감칠맛을 냅니다. 원재료는 '국산콩'으로, 여기에 가능하다면 NON-GMO(비유전자 변형) 콩을 사용했는지 확인해주세요. 밀가루나 설탕이 들어간 경우도 있으니 원재료명을 꼼꼼히 읽는 것이 안전합니다. 시중에 '아기 간장'이라는 이름으로 저염 제품을 만들어 판매하면서 장기 보존을 위해 첨가물이 들어가는 경우가 많아요. 진짜 저염은 '좋은 장을 소량 사용하는 것'이에요. 짠맛은 줄이면서 요리 맛은 순해지고 아이의 몸에는 더 편안하니까요.

추천 제품 마야항아리 한식간장, 고스락 유기농 국간장

3. 올리브오일

엑스트라 버진 등급의 냉압착 제품이 가장 적합합니다. 유기농 인증이 있거나 원산지가 투명하게 확인되면 더욱 좋아요. 빛과 열에 약하므로 작은 용량을 구입해 빨리 쓰는 것이 좋아요.

추천 제품 **루케 유기농 엑스트라버진 올리브오일**

4. 기버터

일반 버터보다 발연점(연기가 나기 시작하는 온도)이 높아 조리 시 쉽게 산화되지 않고 안정적이라 볶음·구이 같은 고온 조리에 적합해요. 특유의 고소하고 깔끔한 맛 때문에 아이 요리에 소량만 넣어도 풍미가 좋아져요. 목초를 먹고 자란 소의 우유로 만든 제품이 오메가-3 지방산, 공액리놀레산(CLA), 비타민 A·E·K 함량이 높고, 일반 곡물로 사육한 소보다 건강에 유익한 지방과 항산화 성분이 많습니다.

추천 제품 **마야항아리 기버터**

5. 땅콩버터

유기농 땅콩만 갈아 만든 제품이 가장 좋아요. 설탕, 소금, 경화유 등이 들어가지 않은 '100% 땅콩' 제품을 고르세요. 근래에 제조한 제품으로 소량씩 구매해 신선하게 즐기는 것이 좋습니다.

추천 제품 **부로디 유기농 땅콩버터**

6. 굴소스

굴에는 천연 글루탐산(아미노산)이 풍부해 간장이나 소금만으로는 낼 수 없는 깊은 감칠맛을 내요. 다만 굴소스에는 당분과 첨가물이 함유된 경우가 많아서 주의가 필요해요. 굴 추출액 함량이 높고, 합성향료나 색소가 들어가지 않은 제품을 선택하세요. 조림이나 볶음 요리에 넣으면 음식에 윤기가 돌고 감칠맛을 더해줘 맛이 한 단계 올라간 느낌을 줍니다.

추천 제품 **마야항아리 굴소스, 델리씨 굴농축액**

7. 참치액·멸치액젓

멸치·참치 외 불필요한 첨가물이 함유되지 않은 단순한 원재료의 제품을 고릅니다. 국물 요리의 감칠맛을 낼 때 소량만 더해도 충분합니다.

추천 제품 **참치액 : 어박사 어간장, 한살림 어간장 | 멸치액젓 : 순아멸치진액젓, 왕신멸치액젓**

8. 치킨스톡

가공육이나 합성 단백질로 만든 치킨스톡은 맛은 강하지만 영양 면에서 떨어지기 때문에 순수 닭고기, 닭뼈로 만들었는지 확인하세요. 가능하다면 유기농이나 무항생제 제품을 선택하면 아이 건강에 조금 더 이롭고 MSG, 조미료, 인공 향미, 인공 색소, 설탕 등의 첨가물을 최소화한 제품이 좋습니다.

추천 제품 올계 유기농 치킨스톡

9. 카레가루

시중의 카레가루는 맛을 내기 위해 조미료, 합성 향신료, 착색료 등이 들어가는 경우가 많아요. 또 일부 제품은 설탕, 포도당 등이 섞여 있어 당분 섭취가 늘어날 위험이 있습니다. 강황·큐민·코리앤더 같은 순수 향신료 비율이 높고 첨가물을 최소한 제품으로 고르세요. 또한 제품마다 차이가 크니 영양 성분표의 나트륨을 비교해 보고 되도록 낮은 것으로 선택하세요.

추천 제품 심플리오가닉 카레파우더

10. 사골곰탕

정제수에 사골만 넣고 끓인 제품이 적합합니다. 여기에 소량의 소금이 첨가된 것 정도만 허용하는 편입니다. 액상 제품은 성분표를 꼭 확인해 인공 첨가물이 없는지 살펴보세요.

추천 제품 유기농 목초사골곰탕, 치밀 유기농 목초육 사골국

11. 참기름·생들기름

기름은 산소와 열, 빛에 쉽게 산패되기 때문에 통참깨, 또는 통들깨 100%를 저온 압착하여 갓 짜낸 제품이 가장 좋아요. 소용량 제품을 구입하여 개봉 후 한두 달 이내에 사용하는 것이 가장 안전합니다.

추천 제품 씨드밀 참기름·생들기름

12. 토마토소스

토마토 함량이 높고 설탕이나 합성향료가 들어가지 않은 제품을 고르세요. 가능하다면 유기농 토마토로 만든 소스를 추천합니다. 또 아이에게는 새콤한 맛이 강하지 않은 제품이 좋아요.

추천 제품 포미 유기농 토마토소스, 오오가닉 유기농 토마토 파스타소스

13. 케첩

시판 케첩은 첨가물이 많이 들어있고 당분과 나트륨 함량이 높은 경우가 많아요. 토마토 함량이 높고 설탕이 적게 들어간 제품인지 확인하고, 당과 나트륨 함량도 꼭 비교하고 고르세요. 유기농 토마토로 만든 케첩을 선호하는 편입니다.

추천 제품 사랑과 정성 더 진한 토마토케찹, 뵤도 유기농 토마토 케첩 키즈

14. 마요네즈

식물성 정제유 대신 아보카도오일이나 올리브오일로 만든 제품을 추천합니다. 무첨가·무설탕 제품을 고르면 더 안심할 수 있어요. 아이 요리에는 조금만 사용해 부드러운 맛을 더해 주세요.

추천 제품 초손푸드 아보카도 마요네즈

15. 알룰로스

설탕과 비슷한 단맛을 내면서도 혈당을 올리지 않는 알룰로스는 불순물이나 다른 첨가물이 최소화된 알룰로스 95% 이상의 제품이 좋습니다.

추천 제품 자연지애 알룰로스

16. 레몬즙

설탕, 보존료, 색소 등 첨가물이 없는 100% 레몬 착즙액인지 확인하세요. 소용량 제품이면 자주 열어도 신선하게 사용할 수 있어요.

 쉽고 편한 밥숟가락 계량법

계량스푼이 있다면 가장 정확하겠지만, 집에 있는 밥숟가락으로도 쉽고 편하게 계량할 수 있어요. 가루류, 소스·장류, 액체류가 조금씩 다를 수 있으니 아래 비교 사진을 통해 익혀두면, 더 빠르고 맛있게 요리할 수 있어요.

가루류 ✦ 들깻가루를 사용했어요!

1T = 1큰술 = 약 7g

1T 계량스푼에 재료를 꽉 채운 후 평평하게 깎아 담은 양이에요. 이를 성인의 밥숟가락으로 담았을 때, 아주 크게 듬뿍 떠서 수북하게 담아야 같은 양이 돼요. 가루류일 때 약 7g 정도의 양이지만, 재료가 가진 수분 정도에 따라 중량은 다를 수 있으니 참고만 해주세요.

1t = 1작은술 = 약 3g

1t 계량스푼에 재료를 꽉 채운 후 평평하게 깎아 담은 양을 말해요. 이를 성인의 밥숟가락으로 담았을 때, 숟가락을 완전히 채우지 못하고 가장자리가 조금 남는 정도가 돼요. 가루류일 때 약 3g 정도의 양이지만, 재료가 가진 수분 정도에 따라 중량은 다를 수 있으니 참고만 해주세요.

소스류 ✦ 토마토소스를 사용했어요

1T = 1큰술 = 약 15g

1T 계량스푼에 재료를 꽉 채운 후 평평하게 깎아 담은 양이에요. 이를 성인의 밥숟가락으로 담았을 때, 아주 크게 듬뿍 떠서 수북하게 담아야 같은 양이 돼요. 소스류일 때 약 15g 정도의 양이지만, 재료가 가진 수분 정도에 따라 중량은 다를 수 있으니 참고만 해주세요.

1t = 1작은술 = 약 5g

1t 계량스푼에 재료를 꽉 채운 후 평평하게 깎아 담은 양을 말해요. 이를 성인의 밥숟가락으로 담았을 때, 숟가락을 완전히 채우지 못하고 가장자리가 조금 남는 정도가 돼요. 약 5g 정도의 양이지만, 재료가 가진 수분 정도에 따라 중량은 다를 수 있으니 참고만 해주세요.

액체류 ✦ 우유를 사용했어요

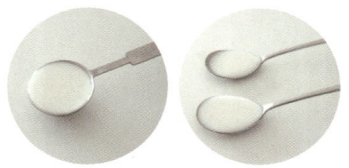

1T = 약 2큰술 = 약 15g

1T 계량스푼을 가득 채워 평평하게 담아낸 양이에요. 이를 성인의 밥숟가락으로 담았을 때, 평균적으로 2큰술이 조금 안 되는 양이에요. 가루류와 소스류는 밥숟가락을 크게 떠서 듬뿍 담아낼 수 있지만, 액체류는 그게 어렵기 때문에 밥숟가락 계량이 조금 달라집니다. 액체류일 때 약 15g 정도의 양이지만, 재료에 따라 중량은 다를 수 있으니 참고만 해주세요.

1t = 약 1작은술 = 약 5g

1t 계량스푼을 가득 채워 평평하게 담아낸 양이에요. 이를 성인의 밥숟가락으로 담았을 때, 1큰술이 조금 안 되는 정도의 양입니다. 중량은 약 5g 정도이지만, 재료에 따라 다를 수 있으니 참고만 해주세요.

레시피 속 표기 체크 : ✓

1꼬집 소금 등의 재료를 엄지와 검지 손가락 끝으로 집을 만큼의 분량을 말해요. 1꼬집의 양은 1g도 안 되는 극소량이기 때문에 중량의 단위로 표현하기 어려워요.

밥의 양 한 끼 밥의 양은 80g을 기준으로 했습니다. 아이마다 먹는 양이 다르고, 메뉴의 특성에 따라서도 밥의 양이 달라질 수 있으니 적절히 가감하세요.

오일 레시피 재료에 '오일'이라고 표기한 것은 보통 엑스트라 버진 올리브오일을 사용했어요. 발연점이 더 높은 아보카도오일을 사용해도 좋아요. 버터 역시 높은 발연점을 가진 기버터를 사용했습니다. 좋은 기름으로 조리하면 아이가 건강한 지방을 섭취할 수 있어요.

5~10분 컷
퓨전식 레시피

아무리 아이 몸에 좋은 요리라 해도 오래 걸리고 복잡하고 번거롭다면 자주 해주기 어렵겠죠. 짧으면 단 5분, 총 조리시간 10분 컷으로 끝내는 '퓨전식 레시피'라면 아이랑 아침 해 먹는 일이 큰 숙제처럼 느껴지진 않을 거예요. 멕시코 요리든, 이탈리아 요리든, 일식·중식·중동식이든 국적 불문하고 장점을 쏙쏙 골라 아이 입맛에 맞게 접목한 다른맘표 퓨전식을 소개합니다.

라따뚜이순두부 샥슈카

'섞인 것'이라는 뜻의 샥슈카(Shakshuka)는 토마토소스에 달걀을 넣어 익힌 중동식 요리예요. 라따뚜이 재료인 가지, 애호박, 토마토를 넣어 채소의 은근한 단맛을 살리고, 순두부를 추가해 한식 감성이 한 스푼 추가된 다른맘표 샥슈카를 완성했답니다. 다양한 재료의 질감과 맛, 영양이 한 그릇 안에 살아있어요.

> 구운 통밀빵을 곁들이면 더 든든해요!

재료

애호박 30g

가지 30g

토마토 50g

순두부 100g

달걀 2개

모차렐라치즈 20g

(선택: 토마토소스 1T, 소금 1꼬집)

완성

약 1회 분량

다른맘 TIP

- 모차렐라치즈는 슬라이스치즈 1장으로 대체 가능해요.
- 전자레인지 출력에 따라 조리 시간이 달라질 수 있어요. 원하는 달걀의 익힘 정도에 따라 조리시간을 가감해도 좋지만, 아이 요리는 되도록 완전히 익히는 것을 권해요. 특히 식중독이 유행하는 여름이나 만 3세 미만 아이라면, 완숙이 안전해요.

1 애호박, 가지, 토마토를 작게 썰어주세요.

2 전자레인지용 용기에 작게 썬 채소와 순두부를 넣어 섞어요. 토마토소스와 소금을 선택한다면, 여기에 넣고 잘 섞어요.

3 달걀 2개를 깨뜨려 추가하고, 노른자는 포크나 젓가락으로 콕 터트려요. 위에 모차렐라치즈를 솔솔 뿌려주세요.

4 전자레인지에 약 3~4분 돌려 충분히 익혀요.

흰살생선 달걀밥찜

흰살생선은 지방이 적어 담백하고 비타민과 단백질 등이 풍부해요. 자극적인 양념 없이도 감칠맛을 살려주고, 살이 연하고 부드러워 생선 편식하는 아이에게도 친숙해지기 좋아요. 팽이버섯, 달걀, 밥과 함께 부드러운 찜으로 만들어주면, 간편하게 집어먹기 좋고 소화도 잘되는 아침 메뉴가 뚝딱 완성돼요.

아이가 간편하게 집어먹기 좋아요!

재료

흰살생선 40g
팽이버섯 20g
양파 30g
당근 10g
밥 80~100g
달걀 1개
물 30ml
(선택 : 소금 1꼬집)

완성

약 1~2회 분량

1. 흰살생선과 팽이버섯, 양파, 당근을 초퍼로 잘게 다져주세요.

2. 전자레인지용 용기에 다진 재료를 옮겨 담고, 밥과 달걀, 물을 추가해 잘 풀어 섞어요. 간을 하는 아이라면, 소금을 1꼬집 넣어요.

3. 용기를 잡고 탕탕 가볍게 내리쳐 윗면을 평평하게 만들고, 전자레인지에 약 3~4분 돌려 익혀요. 용기 크기에 따라 익힘 정도가 다를 수 있으니, 반죽 두께에 따라 조리시간을 가감해 주세요.

4. 한 김 식으면 용기에서 빼내고, 아이가 먹기 좋은 크기로 썰어주세요.

다른맘 TIP

• 흰살생선은 대구, 명태, 가자미 등 비린내가 적은 것으로 골라주세요. 가시가 발라진 흰살생선 냉동제품이 시중에 다양해요. 이미 살이 다져진 흰살생선 이유식용 제품을 선택해도 편리해요.

베지오트바

바쁜 아침에 간편하게 에너지 보충하기 좋은 오트바예요. 바나나의 단맛에 살짝 씹히는 채소들의 조합이 색다른 재미를 줘요. 조리시간 5분 안에 끝낼 수 있는 초간단 메뉴인데, 건강한 '탄·단·지'에 채소까지 빠지는 게 없어요. 요거트를 넣은 덕분에 더욱 부드러운 질감으로 즐길 수 있어요.

블루베리, 삶은 달걀, 바나나를 곁들여 보세요!

재료

바나나 90g(약 2/3개)

오트밀 50g

당근 20g

애호박 40g

그릭요거트 20g(또는 묽은 요거트 10g)

약 1회 분량

다른맘 TIP

- 아이가 잘 안 먹는 다른 채소를 넣어 색다른 베지오트바에 도전해 보세요. 다만 채소의 수분 함량에 따라 오트바가 물렁해질 수 있으니 주의해요. 채소의 양을 바나나의 50% 이하로 설정해야 형태를 만들기 좋아요. 당근과 애호박 대신 블루베리 30g을 넣어서 블루베리오트바를 만들어도 좋아요.

1 당근과 애호박은 채칼로 짧고 얇게 채 썰어주세요.

2 전자레인지용 용기에 바나나를 넣어 으깨고, 채 썬 당근과 애호박을 넣어 함께 섞어요.

3 오트밀, 그릭요거트를 넣고 잘 섞은 다음, 아래로 탕탕 가볍게 내리쳐 공기를 빼고 윗면을 평평하게 정리해요. 속까지 잘 익히려면 반죽 두께 약 1.5~2cm가 적당하니, 알맞은 크기의 용기를 선택해요.

4 전자레인지에 약 3분 30초 ~4분 돌리고 한 김 식힌 다음, 적당한 크기로 썰어요.

콜리플라워와플

콜리플라워는 뼈를 튼튼하게 해주는 비타민 K와 칼슘이 풍부해 성장기 어린이에게 아주 좋은 채소예요. 브로콜리보다 향이 약하고 담백한 데다가 고슬고슬 푹신한 식감을 내면서 당 함량은 낮출 수 있죠. 이 덕분에 아침 메뉴로 활용하기에도 좋은 식재료예요. 잘게 다진 콜리플라워에 모차렐라치즈와 달걀 등을 더하면 쫀득한 점성이 있는 와플 반죽을 만들 수 있어요.

> 딸기, 그릭요거트와 잘 어울려요!

> 시나몬가루를 뿌리면 맛과 향이 풍성해져요.

재료

콜리플라워 80g
브로콜리 40g
모차렐라치즈 100g
달걀 1개
오트밀가루 10g
아몬드가루 10g
기버터 조금
(선택 : 시나몬가루 조금)

완성

미니 와플 4개
약 1~2회 분량

1 콜리플라워와 브로콜리는 줄기를 제거하고 꽃송이 위주로 잘게 다져주세요.

2 빈 볼에 다진 콜리플라워, 브로콜리를 비롯해 모차렐라치즈, 달걀, 오트밀가루, 아몬드가루를 넣고 잘 섞어주세요.

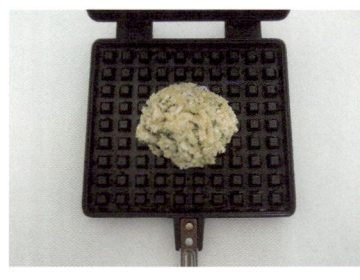

3 반죽을 4등분 하고, 기버터를 녹인 와플 팬에 한 덩이씩 올려 구워주세요.

4 총 4덩이를 구워 미니 와플 4개가 나왔어요. 기호에 따라 시나몬가루를 뿌려도 잘 어울려요.

다른맘 TIP

- 와플 기계가 없어도 괜찮아요. 일반 프라이팬에 구울 땐 뒤집개로 꾹꾹 누르며 모양을 잡고 속까지 잘 익혀주세요.

두부크림 들깨오트밀죽

부드럽게 으깬 두부에 우유를 섞어 크림 베이스를 만들고, 들깻가루와 오트밀을 넣어 완성한 고소하고 부드러운 죽이에요. 모든 재료가 조화롭게 섞이며 깊은 풍미와 든든한 포만감을 선사하는 건강한 한 그릇입니다. 다른이가 엄청 잘 먹어준 고마운 메뉴로, 아침 식사나 간단한 한 끼로 딱 좋아요.

깻잎 향과 잘 어울려요!

재료

두부 70g

버섯 50g

양파 30g

오트밀 30g

우유(또는 두유) 150ml

들깻가루 1T

다진 마늘 1t

오일 1t

(선택 : 깻잎 1장)

약 2회 분량

1. 버섯과 양파를 잘게 다져 준비해요.

2. 달군 팬에 오일을 두르고 다진 마늘, 버섯, 양파를 넣어 중약불에 약 1~2분 볶아요.

3. 양파가 투명해지면 두부를 넣고 조리도구로 으깨주세요.

4. 오트밀, 우유를 넣고 잘 저어주며 약 2~3분 끓여요. 오트밀이 잘 퍼지고 원하는 농도가 되면 완성입니다.

다른맘 TIP

- 깻잎을 얇게 채 썰어 고명으로 올려주면, 향긋한 향이 퍼지고 느끼함을 잡아줄 수 있어요.

PART 1. 5~10분 컷 퓨전식 레시피

배추강된장두부

배추와 된장, 두부와 돼지고기의 최강 조합으로 탄생한 메뉴! 된장을 볶아 자작하게 졸여 만든 메뉴를 '강된장'이라 부르는데요. 아이 입맛에도 자극적이지 않은 이유는 채소의 단맛이 우러나서 된장의 짠맛을 부드럽고 순하게 만들기 때문이에요. 동물성·식물성 단백질이 풍부하고 비타민, 칼륨, 식이섬유까지 영양소를 골고루 챙기는 똑똑한 메뉴랍니다.

건강한 단백질 듬뿍!

유산균도 풍부해요!

재료

돼지고기 다짐육 150g
두부 150g
배추 2~3장(약 100g)
양파 1/2개
버섯 30g
다진 마늘 1T
된장 1T
채수(또는 물) 200ml
생들기름 조금
오일 조금
(선택 : 대파 조금)

완성

약 2~3회 분량

다른맘 TIP

- 밥 위에 배추강된장두부를 적당량 덜어서 비벼 먹어요. 밥 대신 으깬 두부를 더 추가해서 간을 조절해도 됩니다.

1 배추, 양파, 버섯 등의 채소를 잘게 썰고(대파는 선택), 두부는 면보를 사용해 물기를 제거해 준비해요.

2 오일 두른 냄비를 예열한 후 돼지고기 다짐육과 다진 마늘을 넣고, 약 1~2분 중불에 볶아요.

3 고기 색이 변하면 손질한 채소와 된장을 넣고 약 1~2분 중불에 볶아요.

4 채소의 숨이 죽으면 물기 제거한 두부를 으깨 넣고, 채수(또는 물) 추가 후 뚜껑 닫아 5분 이상 중약불에 졸여요. 마지막으로 생들기름을 더해 향을 내요.

양배추명란 삼각김밥

양배추는 '위장의 천사'라고 불릴 정도로 소화 기관에 좋은 대표적인 채소예요. '양배추가 이렇게 많이 들어갔는데 다 먹는다고?' 싶을 정도로 아이가 정말 맛있게 싹 비운 메뉴랍니다. 저염 명란의 감칠맛과 양배추의 단맛, 김의 고소함이 어우러지면서 식이섬유와 비타민까지 챙길 수 있는 건강한 아침 메뉴랍니다.

위장의 천사 양배추
순삭 메뉴!

재료

저염 명란 50g
양배추 100g
밥 150g
무조미김 4장
오일 조금

완성

약 2회 분량

1. 양배추는 잘게 다지고, 저염 명란은 껍질을 제거해 준비해요.

2. 달군 팬에 오일을 두르고, 다진 양배추를 넣어 약 1분 볶아주세요.

3. 양배추가 투명해지기 시작하면, 명란을 넣고 조리도구로 눌러 으깨며 약 1~2분 잘 익혀주세요.

4. 명란 색이 하얗게 변하면, 밥을 넣고 주걱을 세워 밥알을 양옆으로 가르듯이 약 1~2분 정도 볶아주세요.

다른맘 TIP

- 삼각김밥 모양을 만들고 김을 두르는 게 번거롭다면, 4번 과정에서 바로 그릇에 담고 김을 부숴서 위에 뿌려줘도 괜찮아요.

5. 삼각김밥 틀에 넣어 모양을 만들고 무조미김을 예쁘게 둘러주세요.

두부버섯 사골리소토

양질의 단백질은 물론이고 미네랄, 식이섬유에 감칠맛까지! 한 그릇에 모두 담은 그야말로 완전체 메뉴예요. 두부는 입에서 사르르 녹고, 잘게 다진 버섯은 씹는 재미를 더해줘요. 물 대신 사골곰탕을 넣어 육수 맛은 진해지고, 밥알은 부드럽고 탱탱하게 익는답니다. 마무리로 치즈를 넣어 녹이면 꾸덕한 질감이 되면서 고소한 풍미를 더 높일 수 있어요.

진하고 부드럽고 고소해요!

재료

두부 60g
버섯 40g
양파 40g
사골곰탕 200ml
밥 80~100g
오일 조금
(선택 : 슬라이스치즈 1장)

완성

약 1~2회 분량

1 버섯과 양파는 잘게 다지고, 두부를 썰어 준비해요.

2 달군 팬에 오일을 두르고, 손질한 버섯과 양파를 넣어 약 1~2분 볶아요.

3 양파가 투명해지면, 두부를 넣고 으깨면서 중불에 약 1~2분 볶아요. 수분을 날리며 빠르게 볶는 게 포인트!

4 사골곰탕을 붓고 밥을 넣어 잘 저은 뒤 약 2분 정도 한소끔 끓여주세요.

5 밥알이 퍼지고 원하는 농도가 되면 불을 꺼주세요. 마무리로 슬라이스치즈를 녹여주면, 더 고소하고 꾸덕한 질감이 돼요.

새우버섯 납작쫀득전

탱글탱글 새우와 촉촉한 버섯이 만나 입안 가득 감칠맛이 퍼져요. 밀가루나 부침가루 없이 라이스페이퍼를 활용해 쫀득한 식감을 살려, 씹는 재미도 함께 느낄 수 있답니다. 새우와 버섯, 라이스페이퍼의 조합으로 단백질과 탄수화물, 오메가-3 지방산, 비타민 B·D까지 골고루 챙길 수 있어요. 한 장 한 장 집어먹다 보면 어느새 사라져 버리는 마성의 메뉴랍니다.

납작한데 쫀득쫀득 마성의 매력!

재료

새우 70g

양송이버섯 2개

라이스페이퍼 3장

오일 조금

(선택 : 굴소스 1/4t)

완성

약 1회 분량

1 새우는 껍질을 벗기고, 양송이버섯은 밑둥을 제거해 준비해요.

2 손질한 새우와 버섯을 초퍼에 넣고 잘게 다져요. 굴소스를 선택한다면, 여기에 넣고 잘 섞어주세요.

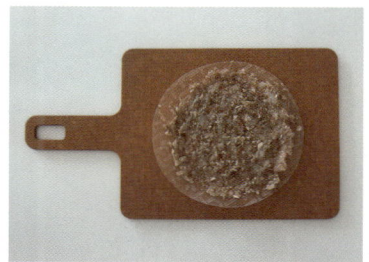

3 라이스페이퍼 3장에 나눠 새우버섯 반죽을 3등분 해요. 반죽을 라이스페이퍼에 납작하고 넓게 펴 발라주세요.

4 오일 둘러 달군 팬에 반죽을 펴바른 라이스페이퍼를 올리고 뒤집개로 눌러주며 구워요. 가장자리가 하얗게 튀겨지듯 익으면 뒤집어서 앞뒤 노릇하게 익혀요.

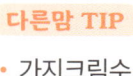

다른맘 TIP

- 가지크림수프(p.150)나 그린스무디(p.162), 혹은 레드스무디(p.164)를 더해주면 더욱 포만감 있는 한 끼 식사가 완성됩니다.

5 한 김 식힌 후 가위로 아이가 먹기 좋게 잘라주세요.

타코라이스

멕시코 전통 음식인 타코는 세계인이 사랑하는 건강식이 되었죠. 요즘 멕시코 음식점이 유독 많아지고 타코를 자주 접하게 되면서 어린이용 타코를 꼭 맛보여주고 싶었어요. 아이 입맛에 맞게 자극적인 향신료는 빼고, 접하기 쉬운 재료로 간단하게 구성한 타코라이스 레시피입니다. 향신료를 하나씩 늘려가며 새로운 맛을 접하게 해주어도 좋아요.

그릭요거트, 아보카도 등 토핑을 더해 즐겨보세요!

재료

소고기 다짐육 100g

양상추(또는 상추) 50g

양파 30g

방울토마토 5개

다진 마늘 1t

케첩 1t

굴소스 1/2t

오일 1t

밥 80~100g

치즈가루 조금

(선택 : 오레가노가루, 큐민가루, 파프리카가루)

완성

약 2회 분량

1 양파는 잘게 다지고, 양상추, 방울토마토를 적당한 크기로 썰어 준비해요.

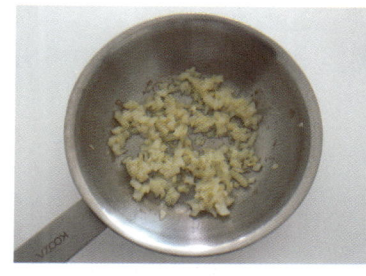

2 달군 팬에 오일을 두르고, 다진 마늘과 양파를 약 1~2분 중약불에 볶아요.

3 양파가 투명해지면 소고기 다짐육을 넣고 약 1~2분 볶아주세요.

4 소고기가 익으면 케첩, 굴소스를 넣고 약 1분 더 볶아요. 오레가노가루, 큐민가루, 파프리카가루 중 가능한 향신료가 있다면 추가해요.

5 밥 위에 양상추와 방울토마토, 볶은 소고기·양파를 올려요. 치즈가루 톡톡 뿌려 마무리해요.

로제소고기리소토

토마토소스에 고소한 우유를 더하면 부드러운 로제 소스가 돼요. 토마토의 신맛은 우유가 중화해주고, 소고기로 고소한 맛, 양파로 단맛을 더해 밸런스를 잡았어요. 최소한의 재료, 간편한 조리 과정으로 10분 만에 뚝딱 완성했는데, 맛은 간단하지 않답니다. 아이뿐만 아니라 어른도 좋아할 맛이라 레시피의 2~3배 양을 만들어 함께 즐겨도 좋겠어요.

간단한 과정!
간단하지 않은 맛!

재료

소고기 다짐육 50g

밥 70g

양파 20g

토마토소스 40g

우유 40ml

기버터 1/2t

(선택 : 슬라이스치즈 1장)

약 1회 분량

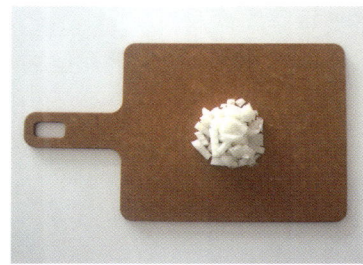

1 양파를 다져 준비해요.

2 기버터를 녹인 팬에 다진 양파를 넣고 투명해질 때까지 약 1~2분 볶아주세요.

3 소고기 다짐육을 추가하고 핏기가 사라질 때까지 약 1~2분 볶아주세요.

4 토마토소스와 우유를 붓고 잘 저어서 풀어준 다음, 밥을 추가해 약불로 꾸덕해질 때까지 약 3~4분 저어가며 익혀주세요. 기호에 따라 슬라이스치즈를 추가해요.

다른맘 TIP

- 양을 늘릴 경우, 토마토소스와 우유는 1:1 비율을 유지해야 맛있는 로제 소스가 돼요.

두부양배추오믈렛

아침에 부담 없이 먹기 좋은 오믈렛 요리에 두부를 추가해 양질의 단백질을 챙기고, 양배추와 당근 덕에 식이섬유도 풍성해요. 채소의 은은한 단맛과 아삭함, 여기에 달걀, 두부의 고소한 부드러움까지 완벽한 케미를 자랑해요. 뚝딱 만드는 초간단 메뉴인데 꿀떡꿀떡 아이가 잘 먹어주는 맛 보장, 영양 보장 한 끼랍니다.

오이, 토마토와 곁들여 주었어요!

재료

두부 30g
양배추 30g
당근 10g
달걀 1개
슬라이스치즈 1/2장
오일 조금
(선택 : 케첩 조금)

완성

약 1회 분량

1 양배추와 당근은 얇게 채 썰거나 잘게 다져요. 두부는 키친타올로 꼭꼭 눌러 물기를 제거해요.

2 볼에 달걀을 풀어준 다음, 두부를 넣어 으깨며 섞어요.

3 손질한 양배추, 당근을 넣고 잘 섞어요.

4 예열한 프라이팬에 오일을 두르고 준비한 달걀물을 부은 다음, 슬라이스치즈를 사선으로 잘라 얹어주세요.

5 아랫면이 어느 정도 익으면 뒤집개를 이용해 반으로 접고, 뚜껑 덮어 약불에 약 2분 은은하게 속까지 익혀요.

다른맘 TIP

• 케첩을 뿌리거나 찍어 먹어도 잘 어울려요.

PART 1. 5~10분 컷 퓨전식 레시피

애호박크레페

애호박을 곱게 채 썰어서 가열하면 풋내가 줄고 애호박 자체의 자연스러운 단맛이 올라와요. 애호박은 비타민과 식이섬유, 베타카로틴이 풍부한 데다 소화가 잘되고 혈당 관리에도 좋은 채소입니다. 자극 없이 조화롭고 순한 맛인데 아이도 계속 손이 가나 봐요. 다른이도 정말 맛있게 잘 먹어준 메뉴입니다. 고구마나 치즈 등 좋아하는 토핑을 추가해 먹으면 더 든든해요.

재료

애호박 100g (채칼용)
애호박 슬라이스 5~6개 (데코용)
달걀 1개
오트밀가루 2T (15g)
우유 2T
기버터 조금
(선택 : 찐 고구마, 모차렐라치즈, 치즈가루 등의 토핑)

완성

약 1회 분량

1. 애호박을 고운 채칼로 밀고, 숟가락이나 포크로 꾹꾹 눌러 물기는 따라내요. 데코용 애호박은 통으로 얇고 동그랗게 썰어 5~6개 정도 준비해요.

2. 채 썬 애호박에 달걀, 오트밀가루, 우유를 섞어 반죽을 만들어요. 우유량은 애호박의 수분에 따라 조금 가감해도 좋아요.

3. 달군 팬에 기버터를 녹이고 반죽을 얇게 펴서 올려요. 그 위에 데코용으로 얇게 슬라이스한 애호박을 올려요.

4. 앞뒤 노릇하게 구워주세요.

5. 양쪽 가장자리를 접어서 완성해요. 반죽 안에 토핑으로 찐 고구마와 모차렐라치즈를 넣고, 치즈가루를 뿌려주었어요. (선택)

소고기가지 토마토범벅

소고기의 고소함, 가지의 부드러움, 토마토의 상큼함이 만나 맛의 밸런스는 물론 영양 균형까지 챙겼어요. 무엇보다 바쁜 아침 5분 만에 뚝딱 완성한 레시피인데, 아이가 잘 먹어주니 엄마 마음이 세상 뿌듯했답니다. 밥과 함께 비벼 먹어도 좋고, 삶은 병아리콩을 곁들여 식물성 단백질을 보완해도 좋아요.

재료

소고기 다짐육 40g

토마토 40g

가지 40g

양파 30g

슬라이스치즈 1장

(선택 : 삶은 병아리콩 30g)

소스 :

간장 1/2t

굴소스 1/2t

다진 마늘 1/2t

물 1t

올리브오일 1t

약 1회 분량

1. 토마토, 가지, 양파는 적당한 크기로 썰어주세요.

2. 소스 재료를 섞어 소스를 만들어요.

3. 전자레인지용 용기에 썰어둔 채소와 소고기 다짐육, 소스를 순서대로 담아요. 삶은 병아리콩을 선택한다면 함께 넣고, 전자레인지에 약 4분 돌려 익혀요.

4. 용기 속 재료를 뒤섞은 후, 치즈를 추가하고 전자레인지에 약 30초~1분 더 돌려주세요.

다른맘 TIP

- 병아리콩은 하룻밤 불리고 30분 이상 푹 삶아서 소분·냉동해 두면 아침 요리에 간편하게 활용하기 좋아요.

초간단 김밥전

김밥은 여러 재료를 하나씩 손질하고 따로 준비하는 게 일이죠. 심지어 힘들게 만들었는데, 아이 눈에 속재료가 확연히 보여서 편식하는 채소를 골라내기도 쉬워요. 이런 고민을 싹 해결한 초간단 김밥전! 엄마의 수고는 덜고, 아이에겐 안 먹던 채소를 경험하게 해주는 고마운 메뉴랍니다. 첫 김밥을 이렇게 맛본다면 훗날 진짜 김밥도 잘 먹어줄 거예요.

너~무 간단한데 맛은 Gooood! ^^

재료

밥 70g
소고기 다짐육 40g
자투리 채소 30g
달걀 1개
김밥용 김 1장 (또는 아기김 6장)
오일 조금

완성

약 1회 분량

다른맘 TIP

- 자투리 채소는 당근, 시금치, 양파, 애호박 등 집에 있는 채소를 쓰면 돼요. 아이가 잘 먹지 않는 채소를 활용해 보세요.

1 자투리 채소를 잘게 다진 후, 전자레인지용 용기에 밥, 소고기 다짐육, 다진 채소를 함께 담고 전자레인지에 약 2~3분 돌려 익혀요.

2 한 김 식으면 달걀과 밥을 추가해 잘 풀어주고, 오일 둘러 달군 팬에 부어서 펼쳐 줘요. 김을 얹어야 하니 네모난 팬을 사용하면 좋아요.

3 반죽 위에 김을 덮어주고, 반죽과 김이 서로 잘 붙도록 뒤집개로 꾹꾹 눌러주세요.

4 바닥 면이 다 익으면 뒤집고 김이 붙은 면도 중약불에 마저 익혀주세요.

5 노릇하게 다 익으면, 아이가 먹기 적당한 크기로 썰어주세요.

케일사과 팬케이크

아이에게 초록 잎의 신선한 채소를 먹이고 싶은데 아삭아삭한 식감과 초록색 때문에 거부하는 경우가 있어요. 비타민이 풍부한 케일과 자연스러운 단맛의 사과를 부드럽게 갈아서 팬케이크로 만들었어요. 사과의 은은한 단맛이 케일 특유의 향과 맛, 식감을 슬쩍 가려줘요. 아침 식사로 간편하게 먹이기 좋고, 간식으로 즐기기에도 부담 없답니다.

초록잎 채소도 맛있게 냠냠!

재료

케일 2장(약 12g)

사과 1/4개(약 40g)

달걀 1개

오트밀 40g

우유 40ml

오일 조금

완성

미니 팬케이크 약 12~14개

약 1회 분량

1 사과는 껍질과 씨를 제거하고, 케일은 두꺼운 줄기를 떼어내고 적당한 크기로 썰어요.

2 사과와 케일, 달걀, 오트밀, 우유를 믹서기로 곱게 갈아요.

3 예열한 팬에 오일을 두르고, 한 숟가락씩 떠서 반죽을 올려요.

4 타지 않게 중약불로 약 2~3분 앞뒤로 구우면, 이렇게 예쁜 초록 팬케이크가 완성됩니다.

다른맘 TIP

- 데친 케일을 사용하면 소화 부담도 덜하고 쓴맛도 줄어요. 끓는 물에 30초만 살짝 데쳐서 사용하길 권합니다.
- 케일사과 팬케이크에 요거트를 함께 곁들여도 좋아요. 단백질과 칼슘을 보충할 수 있고, 포만감 있는 아침 식사가 됩니다.

고등어마요밥볼

생선 싫어하는 아이도 홀딱 반할 메뉴예요. 생선 특유의 향이나 식감은 감추고, 여러 채소와 고소한 소스를 밥과 함께 뭉쳐 아이가 집어먹기 편하게 만들었어요. 등푸른 생선의 오메가-3 지방산과 단백질을 풍부하게 섭취하는 똑똑한 한 끼랍니다. 마요네즈 대신, 아보에그 소스를 사용하면 더 건강한 엄마표 밥볼을 만들 수 있어요.

등푸른 생선
입문용 메뉴!

재료

고등어 40g

애호박 15g

당근 10g

마요네즈(또는 아보에그소스 p.242 참고) 1t

깨소금 조금

밥 80g

완성

약 1회 분량

다른맘 TIP

- 가시를 발라낸 냉동 고등어 제품을 사용하면, 빠르게 조리할 수 있어요.
- 생강, 대파, 레몬 슬라이스 등을 고등어 밑에 깔고 같이 찌면 비린내가 훨씬 줄어요.

1 손질된 고등어는 센 불에서 김이 오른 뒤 뚜껑 닫고 약 7분 촉촉하게 쪄요. 마지막 1분은 뚜껑을 열어 비린내를 날려주세요.

2 고등어를 찌는 동안 애호박과 당근을 잘게 다져주세요.

3 전자레인지용 용기에 잘게 썬 채소를 담고, 전자레인지에 약 1분 돌려 익혀요.

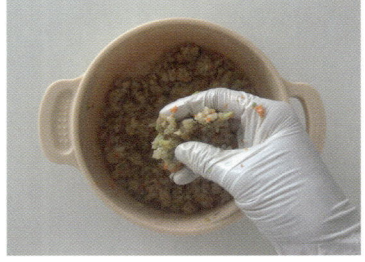

4 밥, 익힌 고등어, 마요네즈(또는 아보에그소스), 깨소금 등을 추가하고, 고등어를 잘 으깨면서 동그란 주먹밥 모양을 만들어주세요.

PART 1. 5~10분 컷 퓨전식 레시피

아보크림리소토

달걀과 우유, 아보카도가 어우러져 고소하면서도 크리미한 맛을 내는 리소토예요. 부드러운 식감 덕에 후루룩 잘 넘어가서 아이 밥태기나 입맛이 없을 때, 혹은 아파서 입안의 자극이 적은 음식을 찾을 때 추천하는 레시피입니다. 불포화 지방산과 식이섬유, 비타민과 미네랄이 가득한 슈퍼푸드 아보카도를 세상 맛있게 먹을 수 있는 메뉴랍니다.

재료

아보카도 1/2개
팽이버섯 30g
양파 30g
달걀 1개
우유 150ml
밥 80g
올리브오일 1t
(선택 : 소금 1꼬집 또는 치킨스톡 1/2t)

완성

약 1회 분량

1 아보카도, 팽이버섯, 양파를 잘게 썰어주세요.

2 예열한 팬에 오일을 두르고, 팽이버섯과 양파를 약 1~2분 볶아주세요.

3 양파가 투명해지면 우유, 밥, 달걀을 넣고 중약불에 약 2~3분 저어가며 끓여주세요. 간이 부족하다면 소금이나 치킨스톡을 넣어주세요.

4 밥알이 퍼지고 원하는 농도가 되면 불을 끄고 썰어둔 아보카도를 넣고 잘 섞어주세요.

다른맘 TIP

- 아보카도는 오래 가열하면 쓴 맛이 올라올 수 있어 조리한 음식이 한 김 식은 후에 추가해요.

바나나아몬드 팬케이크

쌀가루나 밀가루 대신 아몬드가루로 당 함량을 낮추고, 조리 과정도 간편해서 아이 아침으로 부담 없이 해주기 좋아요. 바나나의 자연스러운 단맛에 아몬드 특유의 고소한 풍미가 더해져 맛의 밸런스도 훌륭해요. 땅콩버터를 추가하면 더욱 고소한 맛에 건강한 지방까지 보충할 수 있답니다.

재료

잘 익은 바나나 1개(약 120g)

달걀 2개

아몬드가루 70g

오일 조금

(선택 : 땅콩버터 1T, 바닐라오일 2~3방울)

완성

약 1~2회 분량

1. 빈 볼에 잘 익은 바나나를 담고 으깨주세요.

2. 달걀을 추가해 으깬 바나나와 함께 잘 섞어주세요.

3. 아몬드가루를 추가해 잘 섞어 반죽해요. 땅콩버터와 바닐라오일을 선택한다면, 여기에 넣고 함께 섞어요.

4. 오일 두른 팬에 한 숟가락씩 떠서 동그랗게 부쳐요. 타지 않게 약불에 약 2~3분간 뒤집어가며 구워요.

다른맘 TIP

- 바나나 속 당분이 열에 닿으면 캐러멜화가 빠르게 일어나기 때문에, 불이 셀 경우 겉은 타고 속은 덜 익을 수 있어요. 약불에서 천천히 굽는 게 좋아요.

당근치즈볼

아침에 너무 바쁜데, 그냥 보내긴 걸리고, 아이는 입맛 없다고 찡찡댈 때 당근치즈볼을 먹여 보세요. 재료는 단 2가지 당근과 치즈면 되고, 조리시간은 단 10분이면 끝! 만드는 과정은 세상 간단한데, 부담 없이 입에 쏙쏙 넣는 비타민 A 덩어리예요. 쌀가루나 밀가루와 같은 정제 탄수화물 없이도 치즈로 꾸덕하게 뭉쳐서 미니볼 형태를 만들 수 있어요.

재료

당근 60g
슬라이스치즈 1장

완성

미니볼 7개 내외
약 1회 분량

1. 얇은 채칼로 당근을 최대한 얇게 채 썰어요. 길이가 길다면 짧게 썰어주세요.

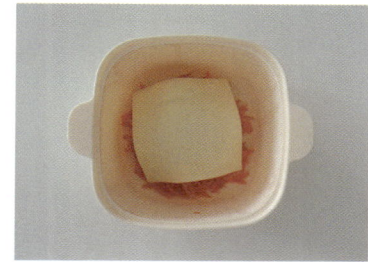

2. 전자레인지용 용기에 채 썬 당근과 슬라이스치즈를 넣고 전자레인지에 약 1분 돌려요. 치즈가 녹아서 꾸덕한 반죽의 제형이 돼요.

3. 뜨거울 때 잘 치대서 동그란 공 모양의 반죽을 여러 개 만든 후, 에어프라이어에 170도 약 7~8분 구우면 완성입니다.

다른맘 TIP

- 에어프라이어에 구운 직후에는 너무 말랑할 수 있는데요. 한 김 식으면 아이가 먹기 좋을 정도로 형태가 잡히고 단단해져요.
- 가지크림수프(p.150)나 그린스무디(p.162), 혹은 레드스무디(p.164)를 더해주면 더욱 포만감 있는 한 끼 식사가 완성됩니다.

브로콜리치즈프리터

달걀을 풀어 전처럼 부쳐내는 '프리터'는 빠르고 편하게 영양가 있는 여러 채소를 함께 섭취할 수 있는 메뉴예요. 비타민 C와 식이섬유가 풍부한 브로콜리를 편식하는 아이라면 프리터로 먼저 맛보게 해주세요. 브로콜리를 잘게 다진 뒤 치즈와 섞어 특유의 채소 향은 부드러워지고, 고소한 풍미는 배가돼요. 밀가루 대신 아몬드가루를 써서 더욱 건강하게 먹을 수 있어요.

재료

브로콜리 80g

달걀 1개

아몬드가루 10g

슬라이스치즈 1장

오일 조금

(선택 : 양파가루 조금)

약 1회 분량

1 세척한 브로콜리를 찜기에 약 3분 쪄요. 혹은 전자레인지용 용기에 물을 조금 넣고, 약 2분 전자레인지에 돌려 익혀도 돼요.

2 익힌 브로콜리는 체에 밭쳐 물기 제거 후, 슬라이스치즈와 함께 으깨요.

3 달걀, 아몬드가루를 넣고 함께 잘 섞어 반죽해요.

4 예열한 팬에 오일을 두르고, 반죽을 한 숟가락씩 떠서 동그란 모양으로 앞뒤 노릇하게 중약불에 부쳐요.

연근치즈전

연근의 아삭한 식감을 낯설어하고, 흙냄새나 특유의 향을 부담스럽게 느끼는 아이들이 꽤 많아요. 이럴 땐 친숙한 재료와의 조합이 중요해요. 연근을 싫어하는 아이도 반하는 연근치즈전! 모차렐라치즈로 점성을 만들어 밀가루나 쌀가루 없이 건강하게 만들 수 있는 비장의 레시피입니다.

밀가루, 쌀가루 없이
모차렐라치즈로
쫀득하게!

재료

연근 100g

모차렐라치즈 40g

오일 1t

(선택 : 시금치 또는 쪽파 20g)

완성

약 1회 분량

1 연근을 잘게 다져요. 시금치나 쪽파가 있다면, 연근과 비슷한 크기로 썰어주세요.

2 달군 팬에 오일을 두르고 연근을 먼저 볶아주세요.

3 시금치나 쪽파를 추가해요. 선택 사항이니 생략해도 괜찮아요.

4 연근이 어느 정도 익으면 모차렐라치즈를 골고루 뿌리고, 조리도구를 사용해 두툼한 원 모양으로 잡아주세요.

다른맘 TIP

- 연근 사이사이에 있는 모차렐라치즈가 쫀득하게 녹으면서 전의 형태가 흐트러지지 않도록 도와줘요. 자주 뒤집지 말고, 만약 모양이 흐트러졌다면 다시 동그랗게 모양을 잡아 꾹꾹 누르며 치즈가 녹아 서로 붙을 때까지 기다려주세요.

5 자주 뒤집지 않고, 아랫면이 노릇하게 구워지면 뒤집어 마저 구워요.

PART 1. 5~10분 컷 퓨전식 레시피

감자새우랑땡

포슬포슬한 감자와 탱글탱글한 새우는 만나면 더없이 잘 어울리는 식재료예요. 은은한 단맛의 감자가 새우의 바다향을 부드럽게 감싸주어 맛과 향을 모두 극대화한답니다. 씹을수록 고소하고, 간혹 톡톡 터지는 식감에, 집어먹기 좋은 사이즈까지 아이에게 사랑받는 간식이자 반찬이자 든든한 아침이 되어줄 거예요.

재료

감자 160g(대 사이즈 1개)
새우 80g
브로콜리 15g
전분 15g
물 30ml
기버터(또는 오일) 1t

 **완성**

약 1~2회 분량

다른맘 TIP

- 어린이토마토케첩(p.252)에 찍어 먹어도 좋아요.
- 팬에 굽지 않고 에어프라이어에 170도 약 15분 구워도 돼요. 다만, 가스레인지 불의 세기나 에어프라이어 출력에 따라 조리시간이 달라질 수 있어요. 중간에 익힘 정도를 확인하며 적절히 조절해 주세요.

1 감자와 브로콜리를 적당한 크기로 썰고, 새우는 작게 다져요.

2 손질한 감자와 브로콜리를 전자레인지용 용기에 담고 물 30ml 추가 후 전자레인지에 약 3분 돌려 익혀요.

3 감자와 브로콜리가 익으면 남은 물기를 따라내 제거하고, 포크나 매셔로 으깨요.

4 으깬 감자와 브로콜리에 다진 새우, 전분을 넣어 동글납작하게 반죽해 모양을 만들어요.

5 기버터 녹인 팬에 앞뒤 노릇하게 약 4~5분 중약불에 구워요.

단호박당근 에그슬럿

색도 닮고 영양도 닮은 두 가지 채소를 부드럽게 익히고 달걀과 치즈를 더해 간단하게 만들었어요. 단호박과 당근은 베타카로틴이 풍부해 눈 건강과 면역에 좋고, 식이섬유가 들어있어 위장 건강에 도움을 줘요. 다만 채소 중에 익히는 시간이 긴 편인데, 전자레인지를 이용하면 시간을 꽤 단축할 수 있어요. 푹 익히면 자연스러운 단맛이 올라와 아이도 잘 먹는 메뉴랍니다.

익히면 단맛 UP!
부드럽고 고소해요!

재료

단호박 100g
당근 40g
달걀 1개
우유 1t
물 30ml
슬라이스치즈 1/2장
(선택 : 시나몬가루 조금)

완성

약 1회 분량

1 전자레인지용 용기에 물을 붓고, 미니 단호박을 넣어 약 2~3분 전자레인지에 돌려요. 익힌 후에 자르기가 훨씬 편해져요.

2 당근을 듬성듬성 썰고, 전자레인지용 용기에 넣어 약 1~2분 전자레인지에 익혀요.

3 단호박은 반을 갈라 씨를 제거하고, 약 1cm 크기로 잘라요. 당근은 약간 더 작은 크기로 잘랐어요. 만약 당근을 싫어하는 아이라면, 더 잘게 자르거나 갈아버려도 괜찮아요.

4 전자레인지용 용기에 단호박, 당근을 넣고, 치즈를 찢어 올려요. 달걀, 우유도 넣어 골고루 섞어줍니다.

 **다른맘 TIP**

• 전자레인지에서 달걀을 익힐 때, 노른자를 포크로 콕 찔러주면 전자레인지 안에서 터지는 걸 방지해 준답니다.

5 전자레인지에 약 3분 돌려 마저 익히고 한 김 식은 다음 적당한 크기로 썰어주세요.

사과당근프리터

베타카로틴, 비타민A가 풍부한 당근과 비타민C, 칼륨 함량이 높은 사과는 궁합이 좋아요. 여기에 오트밀을 함께 섭취하면 건강한 에너지원이 될 뿐만 아니라, 식물성 철분 흡수율도 높일 수 있어요. 아침에 후루룩 뚝딱 해주는 메뉴인데, 영양과 맛 모두 만족스러운 든든한 한 끼랍니다.

재료

사과 50g

당근 50g

달걀 1개

오트밀가루 30g

오일 조금

(선택 : 시나몬가루 조금)

약 1회 분량

1. 사과와 당근을 얇게 채 썰어요. 채칼을 이용하면 편해요.

2. 볼에 달걀을 잘 풀어주세요.

3. 채 썰어둔 사과와 당근, 오트밀가루를 볼에 추가해 잘 섞어요. 시나몬가루도 톡톡 넣어주면 풍미가 살아요.

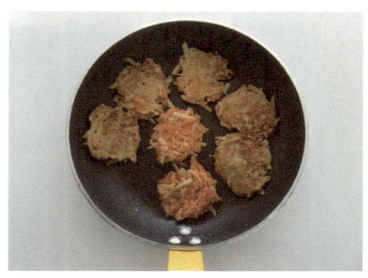

4. 달군 팬에 오일을 두르고, 반죽을 한 숟가락씩 떠서 납작하게 누르며 앞뒤 노릇하게 중약불에 구워요.

다른맘 TIP

- 시나몬가루를 추가하면 혈당 상승을 완만하게 해주는 데 도움이 돼요.

카레두부채소전

두부전이 늘 비슷하다면 카레가루를 살짝 추가해 색다르게 즐겨보세요. 부드러운 두부에 여러 채소의 식감이 어우러지고, 카레의 향긋함이 더해져 호불호 없는 맛이 됩니다. 게다가 노릇하게 부쳐냈으니 고소함이 극대화되겠죠? 조리 과정이 세상 간단하고 소화도 편한데 영양은 가득한 메뉴랍니다.

재료

두부 100g

달걀 1개

자투리 채소(양파, 대파, 당근, 애호박 등) 총 100g

전분가루 30g

카레가루 1t

오일 조금

완성

약 1~2회 분량

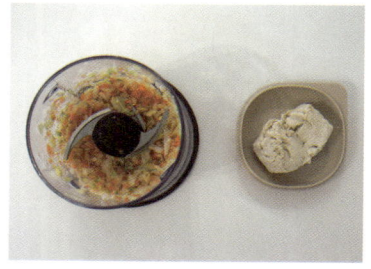

1 자투리 채소를 초퍼에 다지고, 두부는 면보나 키친타올로 물기를 꽉 짜내 준비해요.

2 1번에서 준비한 재료와 달걀, 전분가루, 카레가루를 볼에 넣고 고르게 잘 섞어주세요.

3 달군 팬에 오일을 두르고 반죽물 부어서 앞뒤 노릇하게 부쳐요. 한 숟가락씩 떠서 미니전으로 부쳐도 돼요.

4 한 김 식힌 후 먹기 좋은 크기로 썰어주세요.

단호박피자슬럿

보통의 시판 피자는 도우를 밀가루로 만들어서 선뜻 아이에게 주기가 꺼려지는데요. 이 메뉴는 단호박을 도우 삼아 건강한 탄수화물을 섭취할 수 있어요. 달콤한 단호박 안에 고소한 달걀과 치즈, 냉장고 속 자투리 채소와 토마토소스를 더해 건강한 피자 맛을 즐길 수 있어요. 겉은 달콤, 속은 촉촉! 쭉쭉 늘어나는 치즈를 후후 불며 맛있게 먹어요.

달콤~ 촉촉~ 쭉쭉~
건강한 키즈 피자!

🟠 재료

단호박(소) 1개

달걀 1개

모차렐라치즈 약 25g

채소(양파, 파프리카, 올리브절임, 삶은 병아리콩, 옥수수콘 등) 총 20g

토마토소스(또는 토마토라구소스 p.248 참고) 1T

(선택 : 파슬리가루 조금)

🟠 완성

약 1~2회 분량

다른맘 TIP

- 전자레인지 조리 전에 달걀 노른자는 포크로 콕 찔러 터트려 주세요. 터짐이 방지돼요.
- 미니 단호박 기준이며, 크기가 큰 단호박의 경우 재료의 양과 조리시간을 늘려주세요.
- 모차렐라치즈는 슬라이스치즈 1장으로 대체 가능해요.

1. 단호박을 깨끗이 세척 후 전자레인지에 약 3분 돌려 익혀요.

2. 단호박이 익는 사이, 채소를 잘게 썰어요. 채소 재료의 예시 중 가능한 것 위주로 준비해요.

3. 잘게 썬 채소를 볼에 담고, 토마토소스를 넣어 잘 섞어 주세요.

4. 칼로 단호박의 윗부분을 잘라 뚜껑처럼 만들고, 숟가락으로 안쪽을 긁어 씨를 제거해요.

5. 단호박 안에 모차렐라치즈의 절반을 먼저 담고, 토마토소스 채소 범벅, 달걀, 남은 모차렐라치즈를 순서대로 담아요.

6. 전자레인지용 용기에 담고 전자레인지에 약 3분 돌려요.

7. 파슬리가루를 솔솔 뿌리고 먹기 좋은 크기로 썰어주세요.

PART 2.

간편하고 든든한 한 그릇 메뉴

바쁜 아침에 이것저것 반찬 만들고 국 끓일 정신이 어디 있나요. 한 그릇에 알차게 담아 한 끼 뚝딱 해치울 수 있는 간편한 요리가 최고예요. 아이 첫 끼의 '건강한 공식'을 기본으로 영양 가득한 덮밥, 비빔밥, 볶음밥류를 만들었어요. 한 그릇 메뉴에선 흰쌀밥보다 잡곡밥을 추천하지만, 아침이라 소화가 더디거나 잘 맞지 않는 경우 콜리플라워라이스를 섞은 저탄수밥을 활용해 보세요. 한편 면류를 아침으로 선호하진 않지만, 초가공 식품의 대안으로서 엄마표 쌀국수는 괜찮은 선택입니다.

5분 비빔밥

비빔밥은 우리나라를 대표하는 건강 메뉴로 여러 가지 야채와 고기를 골고루 섭취할 수 있죠. 하지만 각각의 재료를 손질하고 조리하는 번거로움 때문에 자주 해 먹기 어려웠다면, 5분 비빔밥은 어떨까요? 고소한 두부들깨소스를 곁들이면 재료들이 한층 더 잘 어우러지고, 단백질과 칼슘, 식이섬유까지 챙길 수 있어요.

초간단 5분 5색 어린이 비빔밥!

재료

소고기 다짐육 40g
양파·당근·애호박 각 15g씩
통깨 조금
밥 80g

두부들깨소스 :

물기 짠 두부 30g
들깻가루 1T
생들기름 2t
간장 1/2t

완성

약 1회 분량
(소스는 2회 분량)

다른맘 TIP

- 만들고 남은 두부들깨소스는 약 3~5일 냉장 보관이 가능해요. 다양한 요리에 활용해 보세요.
- 꼭 양파, 당근, 애호박이 아니어도 돼요. 냉장고에 있는 다른 컬러푸드 채소를 활용해 비빔밥을 만들어보세요.

1. 양파, 당근, 애호박을 얇게 채 썰어주세요.

2. 전자레인지용 용기에 채 썬 채소와 소고기 다짐육을 잘 펼쳐서 담고, 전자레인지에 약 2~3분 돌려 익혀주세요.

3. 빈 볼에 소스 재료를 모두 넣고 잘 섞어 두부들깨소스를 만들어요.

4. 익힌 채소와 소고기를 밥 위에 올리고, 3번 과정에서 만든 두부들깨소스 중 절반 분량만 넣어요. 통깨를 뿌려 마무리해요.

구운두부 달걀덮밥

두부를 굽는 것만으로 고소함은 한층 살아나고, 식감은 더욱 쫀쫀해져요. 여기에 달걀물을 부어주면 야들야들 부드럽게 넘길 수 있는 단백질 가득한 영양 메뉴가 됩니다. 무엇보다 5분 만에 뚝딱 완성할 수 있어 바쁜 날에도 부담 없이 자주 만드는 한 그릇 요리예요.

보들보들 후루룩~
단백질 폭탄 메뉴!

재료

두부 100g
달걀 1개
생들기름 조금
통깨 조금
오일 조금
밥 80g

소스 :
간장 1/2t
굴소스 1/3t
알룰로스 1/2t
물 2t

약 1회 분량

1 두부는 면보나 키친타올로 물기를 제거한 후, 작은 크기로 깍둑썰기해요. 달걀은 볼에 풀어 준비하고, 분량의 소스도 미리 만들어요.

2 예열된 팬에 오일을 두르고, 두부를 올려 각 면이 노릇해지도록 구워주세요.

3 두부의 겉면이 익으면 중약불로 줄인 다음, 달걀물을 붓고 빠르게 저어가며 익혀주세요.

4 달걀이 반 정도 익었을 때 준비한 소스를 붓고 마저 익혀요. 밥 위에 올리고 생들기름과 통깨를 올려 마무리해요.

낫토오이볶음밥

식물성 단백질이 풍부한 낫토는 유익균이 풍부해 장내 환경을 개선하고 변비 예방에 좋아요. 몸에 좋다는 걸 너무 잘 알지만, 끈적한 질감과 강한 냄새 때문에 아이가 먹기는 쉽지 않죠. 갖은 방법을 써본 끝에 생들기름과 함께 먹으면 낫토 향이 덜 느껴지고 오이, 달걀, 대파 등과 섞어주니 조금씩 익숙해지더라고요. 아침 메뉴로 너무 좋은 낫토, 꼭 이렇게 먹여보세요.

몸에 좋고 맛도 좋은 낫토 입문용 볶음밥!

재료

낫토 1팩(약 30~40g)

달걀 1개

오이 40g(브로콜리 줄기로 대체 가능)

대파 10g

밥 70g

생들기름 조금

오일 조금

(선택 : 간장 1/2t)

완성

약 1회 분량

> **다른맘 TIP**
>
> • 낫토는 냉장고에서 바로 꺼내 차가울 때보다 약간 미지근할 때 냄새가 덜해요. 그런데 낫토에 들어있는 단백질 효소인 낫토키나제는 열에 약해서 70℃ 이상에서 쉽게 변성돼요. 따라서 높은 온도에서 조리하기보다 한 김 식은 상태에서 재료와 함께 섞으면, 낫토키나제가 파괴되지 않으면서 향도 부드럽게 즐길 수 있답니다.

1 대파는 잘게 다지고, 오이는 씨 제거 후 작은 크기로 썰어요. 낫토는 끈적한 실 모양이 나올 때까지 젓가락으로 30회 이상 저어주세요.

2 달군 팬에 오일을 두르고, 다진 대파를 넣어 약 30초 볶아요. 대파 향이 올라오면 오이를 추가해 약 1분 볶아요.

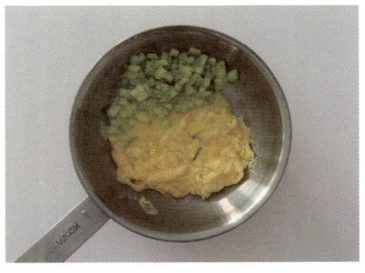

3 오이가 투명해지기 시작하면 팬 한쪽으로 밀어넣고, 달걀을 깨뜨려 스크램블로 익혀주세요.

4 달걀이 거의 익으면 밥을 넣고 재료를 함께 섞어요. 주걱을 세워 밥을 가르며 고슬고슬하게 약 1~2분 볶아주세요. 간장을 선택한다면 이때 넣어요.

5 불을 끄고 한 김 식힌 다음, 낫토와 생들기름을 넣고 잘 섞어주세요.

가지소고기밥

소고기에서 나온 고소한 육즙을 가지가 자연스럽게 머금으면서 자극적인 양념 없이도 깊고 담백한 맛이 나요. 불 없이도 간편하게 전자레인지로 조리할 수 있어서 바쁜 날에도, 혹은 더운 날에도 영양 가득한 한 끼를 아이에게 줄 수 있답니다. 가지에 함유된 안토시아닌과 폴리페놀을 듬뿍 섭취하게 해주자고요.

가지 편식
고치는 메뉴!
고소한 육즙 듬뿍!

재료

소고기 다짐육 40g

가지 1/2개(약 100g)

밥 80g

간장 1t

굴소스 1/2t

알룰로스 1/2t

생들기름 1/2t

통깨 조금

완성

약 1회 분량

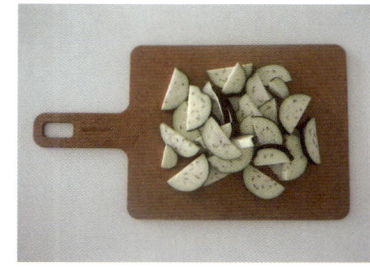

1 가지는 길게 반을 가른 후 반달 모양으로 썰어주세요.

2 전자레인지용 용기에 가지, 소고기 다짐육, 간장, 굴소스, 알룰로스를 넣고 잘 섞은 후 전자레인지에 약 3~4분 돌려요.

3 잘 익은 소고기와 가지를 밥 위에 올린 후, 생들기름과 통깨를 뿌려 마무리해요.

다른맘 TIP

- 소고기 다짐육을 전자레인지용 용기에 담을 때 고르게 익을 수 있게 잘 펼쳐주세요. 전자레인지 출력에 따라 조리시간이 달라질 수 있어요. 소고기 익힘 정도에 따라 조리시간을 가감해주세요.

목살숙주덮밥

둘째 바른이를 낳고 조리원에서 감동받은 그 맛을 유아식 버전으로 재해석했어요. '단짠' 소스를 머금은 돼지 목살에 아삭한 숙주, 향긋한 깻잎의 삼박자 조합, 우리 아이도 반하게 될 메뉴예요. 어른이 먹어도 맛있어서 이 레시피로 조리해 온 가족이 다 함께 든든하게 먹었답니다.

아이도, 어른도 반하는 메뉴!

재료

돼지 목살 300g
숙주 100g
깻잎 8장
밥 80g
생들기름 조금
통깨 조금
오일 조금

소스 :
간장 1/2t
굴소스 1/2t
물 150ml
다진 마늘 1t
알룰로스 1/2t

완성

약 3~4회 분량

1 냄비 바닥을 1~2cm 정도 채울 만큼만 물을 붓고, 물이 끓기 시작하면 숙주를 넣어 약 1~2분 중불에 익혀요. 익은 숙주는 체에 받쳐 수분을 충분히 빼요.

2 팬에 오일을 조금 두르고 돼지 목살을 올려 80% 정도 익힌 다음, 한 입 크기로 잘라주세요.

3 키친타올로 불필요한 기름을 제거하며 마저 고기를 익혀요.

4 소스 재료를 섞어 소스를 만들고, 팬에 소스를 부어 국물이 자작해질 때까지 약 1~2분 조려요.

5 밥 위에 조리한 목살과 데친 숙주, 채 썬 깻잎을 올리고, 통깨 뿌려 마무리해요.

시금치코코넛카레밥

동남아 여행 가면 꼭 먹는 요리 중 하나가 바로 '그린커리'예요. 보통은 바질이나 고수 같은 강한 향신료에 크리미하고 고소한 코코넛밀크를 넣어 만드는데요. 우리 아이가 먹을 수 있게 재해석해 철분이 풍부한 시금치를 활용해 보았어요. 부드러운 맛을 내는 코코넛밀크를 넣으면 시금치를 편식하던 아이도 새삼 잘 먹어줄지 몰라요.

시금치카레 먹고
뽀빠이처럼 힘 불끈!

재료

양파 60g

감자 60g

당근 50g

데친 시금치 50g

물 70ml, 150ml

코코넛밀크 200ml

카레가루 1t

전분물(전분가루 2t, 물 4t)

밥 80g

완성

카레 약 4~5회 분량

 다른맘 TIP

- 시금치는 끓는 물에 약 30초~1분 데치고 물기를 꼭 짜서 준비해요.
- 아이 몫을 덜어내고, 엄마·아빠는 고체 카레를 추가해 먹어도 맛있어요.
- 3번 과정에서 두부나 소고기를 넣어 끓이면, 단백질을 보충하기 좋아요.

1. 양파, 감자, 당근을 작게 깍둑썰어 준비해요.

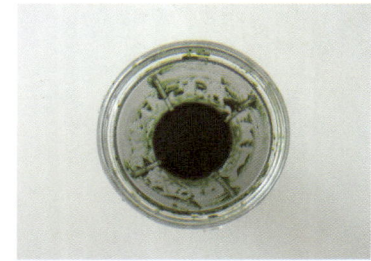

2. 믹서기에 데친 시금치와 물 70ml를 넣고 곱게 갈아주세요.

3. 냄비에 감자, 당근, 양파를 넣고 물 150ml를 부어준 다음, 물이 끓기 시작하면 뚜껑 닫고 중불에 약 4분 끓여주세요.

4. 채소가 거의 익으면 2번 과정에서 준비한 시금치물을 냄비에 붓고, 코코넛밀크를 추가해요. 중약불에 약 3분 끓여주세요.

5. 카레가루를 추가해 잘 저어주며 섞고, 불을 끈 다음 전분물을 붓고 뭉치지 않게 재빨리 저어주세요.

미역달걀덮밥

미역은 요오드, 아연, 비타민 C가 풍부해서 아이의 면역력 향상에 도움을 줘요. 풍부한 칼슘이 뼈를 자라게 하고, 치아도 튼튼하게 해주죠. 감칠맛 풍부한 미역에 부드러운 달걀을 더해 후루룩 잘 넘어가는 든든한 한 그릇 메뉴를 만들었어요. 씹는 맛을 크게 좋아하지 않는 아이라면, 부담 없이 즐길 수 있는 한 끼가 될 거예요.

미역으로 만든 부드러운 덮밥!

재료

마른 미역 3g

달걀 1개

채수(또는 물) 150ml

전분물(전분가루 1t, 물 2t)

생들기름 조금

오일 조금

통깨 조금

(선택 : 간장 또는 참치액 1/2t)

밥 80g

완성

덮밥소스 약 2~3회 분량

다른맘 TIP

- 참기름이나 들기름은 비교적 발연점(기름이 가열될 때 연기가 나기 시작하는 온도)이 낮은 편이라 강한 불에서 가열하면 벤조피렌 같은 발암물질이 생길 수 있어요. 미역을 볶을 때 발연점이 높은 올리브오일, 아보카도오일 등을 사용하세요.

1. 20분 이상 물에 불린 미역은 빡빡 문질러 씻어 비린내를 제거하고, 체에 밭쳐 물기를 빼낸 후 작게 썰어요. 달걀은 볼에 풀어서 준비해요.

2. 냄비에 오일을 조금 두르고, 미역을 약 1~2분 볶아주세요.

3. 채수를 붓고 강불에 끓기 시작하면, 중불로 낮추고 약 1분 더 끓여주세요. 간장 또는 참치액을 선택한다면 넣어주세요.

4. 약불로 줄인 다음 전분물을 부어 빠르게 저어주고, 풀어둔 달걀도 동그랗게 둘러 넣은 후 저어가며 익혀요. 달걀은 완숙으로 익혀야 안전해요.

5. 따뜻한 밥 위에 덮밥처럼 부어주고 생들기름, 통깨를 살짝 뿌려 마무리해요.

5분 소고기콩나물밥

소고기콩나물밥이 번거롭다는 편견을 깨는 레시피예요. 단 5분 만에 전자레인지로 쉽고 빠르게 만드는데, 맛도 영양도 만점입니다. 소고기는 동물성 단백질과 철분, 비타민 B12가 풍부하고, 콩나물은 비타민 C, 식이섬유, 칼륨이 풍부해요. 궁합 좋은 두 재료를 더해 휘리릭 뚝딱 간편하게 영양 만점 메뉴를 만들어보세요.

재료

소고기 다짐육 40g
콩나물 40g
표고버섯 1개
밥 80g
채수(또는 물) 20ml
간장 1/4t
생들기름 조금

완성

약 1회 분량

1. 손질한 콩나물과 버섯을 아이가 먹기 좋은 크기로 잘라 준비해요.

2. 전자레인지용 용기에 밥, 소고기, 콩나물, 표고버섯, 채수를 넣고 전자레인지에 약 3분 돌려주세요.

3. 간장으로 간하고, 생들기름을 추가해 비벼요.

4. 아이가 먹기 편한 그릇에 덜어 제공해요.

다른맘 TIP

• 전자레인지에서 고기를 익힐 때 중간에 살피며 한 번씩 섞어주세요. 소고기 다짐육을 숟가락으로 잘 펼쳐주어야 고르게 잘 익어요.

토마토마파두부덮밥

아이 입맛에도 자극적이지 않으면서 마파두부의 맛은 살리고 조리까지 간편한 퓨전 메뉴, 바로 토마토마파두부덮밥입니다. 영양 가득한 토마토가 더해져 두부와 돼지고기의 고소한 맛과 꽤 훌륭한 조화를 이룹니다. 무엇보다 불 앞에서 땀 흘리지 않고 전자레인지로 쉽고 빠르게 만들 수 있는 레시피라 바쁜 아침에 딱 좋아요.

마파두부와
토마토의 만남!

재료

돼지고기 다짐육 80g
두부 150g
토마토 80g
양파 20g
다진 대파 1T
올리브오일 2t
생들기름 1t
통깨 조금
밥 80g

소스 :
다진 마늘 1/2t
된장 1t
굴소스 1/2t
알룰로스 1/2t

완성

약 2회 분량

1 두부는 물기를 제거한 후 작게 깍둑썰기하고, 대파는 다져요. 양파와 토마토는 듬성듬성 썰어 준비해요.

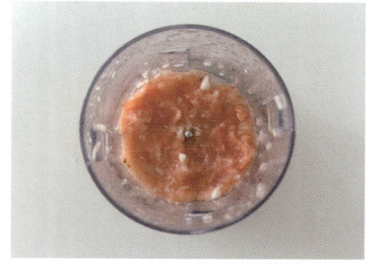

2 초퍼나 믹서기에 토마토와 양파를 먼저 갈아요.

3 전자레인지용 용기에 다진 대파, 올리브오일을 넣고 전자레인지에 약 1분 30초 돌려 파 향을 내요.

4 갈아둔 토마토와 양파, 돼지고기 다짐육에 소스 재료를 추가하고 골고루 섞어요. 다시 전자레인지에 약 2분 돌려요.

5 용기를 꺼내 두부를 넣어 섞은 다음, 전자레인지에 1분 더 돌려요. 밥 위에 얹고, 생들기름과 통깨를 뿌려 마무리해요.

PART 2. 간편하고 든든한 한 그릇 메뉴

오코노미야키덮밥

오코노미야키 맛의 핵심을 쏙쏙 뽑아 만든 유아식 버전입니다. 양배추와 두부, 돈가스소스와 마요네즈, 가쓰오부시 등이 만나 꽤 근사한 맛을 내요. 양배추는 식이섬유와 비타민U가 풍부하고 소화도 잘돼서 아침 메뉴의 단골 재료랍니다. 아이 속이 편하면서 든든한 한 끼가 될 거예요.

가쓰오부시가 풍미를 살려요!

재료

양배추 50g
두부 80g
새우 40g
오일 조금
마요네즈 조금
밥 80g
(선택 : 가쓰오부시 조금)

간단 돈가스소스 :

기버터 1t
찹쌀가루 1t
토마토홀(또는 케첩) 1T
간장 1/2t
알룰로스 1/2t
물 3T(농도 조절)

완성

약 1~2회 분량

다른맘 TIP

• 일회용 약병에 소스를 담아 뿌리면, 섬세한 플레이팅이 가능해요.

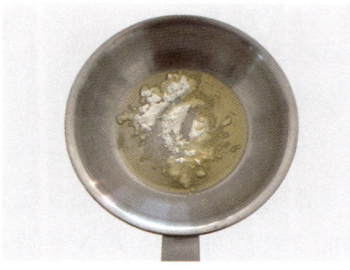

1 먼저 돈가스소스부터 만들게요. 달군 팬에 기버터를 녹이고, 찹쌀가루 넣어 잘 볶아가며 루를 만들어요.

2 토마토홀, 간장, 알룰로스 넣어 잘 섞으며 끓이다가 물을 조금씩 추가해 농도를 맞춰요.

3 양배추는 채 썰고, 두부와 새우는 작게 썰어주세요.

4 오일 둘러 달군 팬에 양배추 채를 먼저 약 1~2분 중불에 볶아요. 양배추 숨이 죽으면 한쪽으로 밀고 약불로 줄인 후 두부, 새우를 넣어 약 2분 볶아요.

5 새우가 익으면 밥 위에 볶은 재료를 얹고, 돈가스소스와 마요네즈를 뿌려요. 준비가 가능하다면 가쓰오부시도 얹어요.

보들달걀새우덮밥

일본식 중화요리인 텐신항을 똑 닮은 메뉴예요. 텐신항은 밥 위에 달걀부침과 걸쭉한 소스를 얹어 만든 덮밥으로, 보통 게살과 대파를 활용하는데요. 게살 대신 새우를 넣어 단백질은 풍부하게, 부드러운 맛은 살렸어요. 기본적으로 식감이 보드라워 후루룩 잘 넘어가는데, 토핑으로 아보카도를 얹어 더욱 크리미한 맛을 살려도 좋아요.

아보카도는 새우,
달걀과 모두 궁합이
좋아요!

재료

새우 80g
달걀 2개
대파 20g
기버터 1t
(선택 : 토핑용 아보카도 조금)

소스 :
간장 1t
굴소스 1/2t
알룰로스 1t
식초 1/2t
전분물(전분가루 1t, 물 100ml)

완성

약 2회 분량

다른맘 TIP

- 양배추나 팽이버섯처럼 식감이 도드라지지 않는 채소를 곱게 다져 달걀물에 섞어주면, 아이가 모르는 사이 여러 채소까지 골고루 먹일 수 있어요.

1. 대파를 잘게 다지고, 새우는 손질 후 작게 썰어요.

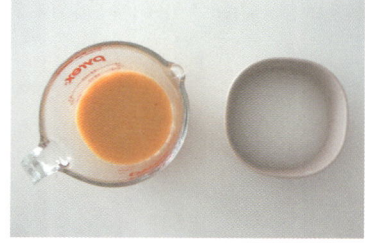

2. 달걀을 풀어 준비하고, 전분과 물을 섞어 전분물을 만들어요.

3. 달군 팬에 기버터를 녹이고 다진 대파를 먼저 볶아 파 향을 내주세요.

4. 달걀물에 새우를 섞고, 팬 위에 부어 익혀요.
5. 새우가 다 익을 때까지 약불에 앞뒤 면을 꼼꼼히 익혀요.

6. 별도의 작은 팬에 소스 재료인 간장, 굴소스, 알룰로스, 식초를 넣고 끓기 시작하면 약불로 줄인 다음, 전분물을 2~3회 나눠 부어 소스를 만들어요. 익힌 달걀부침을 밥 위에 얹고, 소스를 부어요. 아보카도 등의 토핑을 곁들여도 좋아요.

데리야키 가지두부덮밥

설탕 없이 만드는 달콤하고 짭조름한 어린이용 데리야키소스가 이 메뉴의 호감도를 팍팍 올려줍니다. 아침 소화에 부담 없는 두부와 가지를 데리야키소스에 버무리고, 전자레인지로 간단하게 조리해 따끈한 밥 위에 올려주세요. 영양과 맛이 알차게 담긴 아침밥으로 아이의 하루를 든든하게 열어주세요.

재료

가지 80g
두부 80g
밥 80g
생들기름 1/2t
통깨 조금

소스 :
간장 1t
알룰로스 1/2t
물 1t
식초 1/2t
(선택 : 생강가루 조금)

약 2회 분량

1 소스 재료인 간장, 알룰로스, 물, 식초를 섞어 데리야키소스를 만들어주세요.

2 두부와 가지를 아이 한 입 크기로 썰어 준비해요.

3 두부와 가지를 전자레인지용 용기에 담아 전자레인지에 약 2분 돌린 후, 데리야키소스를 붓고 잘 버무려 추가로 1분 더 돌려요.

4 밥 위에 올리고 생들기름, 통깨를 뿌려 마무리해요.

오리오이들깨밥

오리고기는 고소하고 기름기가 풍부한 고단백 식재료예요. 오이는 수분이 많고 시원한 맛이 나서 오리고기의 느끼함을 깔끔하게 잡아줍니다. 오리의 쫀득함과 오이의 아삭함이 아이 입에서도 재미있는 조합이 되어줄 거에요. 면역을 강화하고 기력을 보충해야 할 때도 이 메뉴를 떠올려주세요.

재료

첨가물 없는 훈제오리 40g
오이 40g
밥 80g
굴소스 1/2t
들깻가루 1T
생들기름 1/2t

완성

약 1회 분량

1 훈제오리는 체에 받친 다음 뜨거운 물을 부어 불순물을 제거해요. 전처리한 훈제오리를 작게 썰고, 오이는 씨 제거 후 비슷한 크기로 작게 썰어 준비해요.

2 전자레인지용 용기에 밥을 깔고 훈제오리, 오이, 굴소스를 넣어요. 전자레인지에 약 1분 30초 돌려주세요.

3 들깻가루와 생들기름을 더해 잘 비벼주세요.

4 아이가 좋아하는 예쁜 그릇에 옮겨 담아주면 완성입니다.

다른맘 TIP

• 오이가 없다면, 대신 브로콜리 줄기를 활용해도 좋아요. 줄기에는 꽃봉오리보다 식이섬유가 더 많아 장 건강과 변비 예방에 도움을 줘요. 작게 썰어서 살짝 찌면 부드러운 질감으로 변해 아이가 쉽게 먹을 수 있어요.

양배추김덮밥

소박한 식재료 두 가지로 챙긴 깊은 맛과 영양! 건강한 식사가 꼭 어려울 필요는 없지요. 집에 양배추랑 김만 있어도 건강하고 맛있는 한 끼를 만들 수 있답니다. 양배추는 부드럽게 쪄서 소화 부담을 덜고, 고소한 김은 풍미를 더해요. 달걀프라이까지 얹으면 영양까지 완벽한 한 그릇 완성입니다.

재료

양배추 100g

김 4장

다진 마늘 1/4t

간장 1/4t

참치액 1/4t

들깻가루 1t

생들기름 조금

달걀 1개

오일 조금

밥 80g

완성

약 1회 분량

1 양배추는 얇게 채 썰어주세요.

2 전자레인지용 용기에 채 썬 양배추를 담고, 전자레인지에 약 1분 30초 돌려주세요. 그 사이 팬에 오일을 두르고 달걀프라이를 해요.

3 다진 마늘, 간장, 참치액을 넣어 잘 섞고 약 30초 추가로 돌려주세요.

4 잘 뒤적여 섞고 부순 김, 들깻가루, 생들기름을 넣어 잘 비벼주세요.

5 조리한 재료를 밥 위에 올리고, 달걀프라이 얹어서 완성해요.

우삼겹배추덮밥

고단백, 고지방 식재료인 우삼겹에 식이섬유가 풍부한 배추를 더했어요. 시원한 단맛을 내는 배추는 수분이 많아 우삼겹의 고소함을 잘 잡아주고 속도 편하게 해줘요. 남녀노소 누구나 좋아할 맛으로, 아이가 먹을 만큼 덜어내고 엄마 아빠도 후추나 고춧가루를 조금 뿌려서 맛보세요.

호불호 없는 맛!
고소한 우삼겹과
개운한 배추!

재료

우삼겹(또는 차돌박이) 80g
배추 4장(약 70g)
양파 1/4개(약 50g)
팽이버섯 30g
통깨 조금
밥 80g

소스 :
간장 1t
물 2t
알룰로스 1t
참기름 1t

완성

약 1~2회 분량

1 볼에 소스 재료를 모두 넣어 소스를 만들어요.

2 배추, 양파, 팽이버섯은 작게 썰어주세요.

3 전자레인지용 용기에 채소를 먼저 담고, 우삼겹을 잘 펼쳐 올린 뒤 만들어둔 소스를 부어요. 뚜껑을 닫고 전자레인지에 약 5~6분 돌려 충분히 익혀요.

4 밥 위에 조리한 재료를 올리고, 통깨를 뿌려 마무리해요.

다른맘 TIP

- 우삼겹이나 차돌박이 대신에 소고기 다짐육을 사용해도 괜찮아요.

탱탱새우가지덮밥

탱탱한 새우와 촉촉한 가지를 부드럽게 볶아 따뜻한 밥 위에 살포시 올렸어요. 새우의 담백한 감칠맛과 가지의 부드러운 식감이 한 숟갈 안에 잘 어우러져 누구라도 부담 없이 즐길 수 있어요. 따로 간하지 않고도, 자극적인 양념 없이도, 두 재료에서 맛이 충분히 우러나 아이가 맛있게 잘 먹어줄 메뉴랍니다.

재료

새우 60g

가지 60g

대파 5g

양파 30g

채수(또는 물) 100ml

전분물(전분가루 3g, 물 10ml)

오일 조금

밥 80g

 완성

약 1~2회 분량

1. 대파는 다지고 가지, 양파, 새우는 손질 후 작게 썰어 주세요.

2. 달군 팬에 오일을 두르고 대파, 양파를 넣어 약 1분 볶아요.

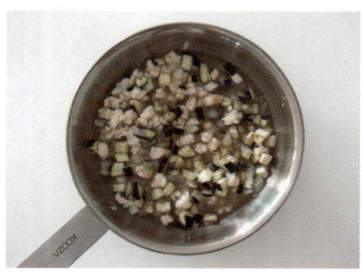

3. 파 향이 올라오고 양파가 반투명해지기 시작하면, 새우와 가지를 넣고 약 1~2분 잘 볶아 익혀요.

4. 새우 색이 변하면 채수를 붓고 중약불에 뚜껑을 덮어 약 2~3분 푹 익혀요.

5. 재료가 익는 사이 전분가루와 물을 섞어 전분물을 만들고, 재료가 충분히 익으면 불 끄고 전분물을 부은 다음 빠르게 휘저어요. 밥 위에 올려 제공해요.

간장달걀양배추밥

어릴 적 추억의 간장달걀밥, 그 업그레이드 버전이랄까요. 짭짤한 간장에 달걀 노른자를 터뜨려 살살 비벼 먹던 그 맛에 달큰한 양배추와 고소한 기버터를 더해 한층 풍미가 깊어졌어요. 여기에 두부까지 추가하면 부드럽게 소화가 잘되는 건 물론이고, 양질의 식물성 단백질도 보충할 수 있죠. 엄마의 손맛을 담은 추억의 한 끼를 단 3분 만에 만들어줄 수 있답니다.

재료

두부 50g
달걀 1개
양배추 30g
밥 80g
간장 1/2T
기버터 1t
(선택 : 구운 김)

완성

약 1회 분량

1 양배추는 잘게 다지고, 나머지 재료 모두를 전자레인지용 용기에 담아요.

2 포크로 달걀 노른자를 터트린 후, 전자레인지에 약 2분 돌려주세요. 두부와 달걀 등의 재료를 잘 으깨며 비벼요.

다른맘 TIP

- 전자레인지에서 달걀을 익힐 때, 포크나 젓가락으로 꼭 노른자를 터뜨려주세요. 전자레인지 안에서 달걀이 튀거나 터지는 것을 방지해요.

콜리플라워밥 (저탄수밥)

하얀 쌀밥에 다진 콜리플라워를 섞으면 밥 전체의 당질 함량이 자연스럽게 낮아져요. 쌀 양을 줄이면서도 자연스러운 식감과 포만감을 줄 수 있어서 저당 한 끼로 활용할 수 있답니다. 시중에 냉동 콜리플라워를 곱게 다진 '콜리플라워라이스' 제품을 판매하니 이를 활용하면 편리해요. 입자가 부드럽고 향도 강하지 않아서 아이가 아주 자연스럽게 받아들인답니다.

> 고슬고슬 건강한 저당밥!
> 흰쌀밥과 구별하기
> 어려워요

재료

쌀 2컵
냉동 콜리플라워라이스 1/2컵
물 2컵
올리브오일 1T

완성

약 7회 분량

다른맘 TIP

- 콜리플라워가 익으면서 자체 수분이 나오기 때문에, 자칫 밥이 질거나 퍼질 수 있어요. 하지만 이는 화력이나 냄비, 콜리플라워의 수분 정도에 따라 다를 수 있으므로 상황에 따라 물 양을 적절히 가감해 보세요.
- 콜리플라워밥은 아이의 소화 문제나 식감 등의 이유로 잡곡을 먹기 어려울 때 더욱 좋은 대안이 됩니다.
- 밥을 지을 때 올리브오일을 한 숟가락 더하면 윤기와 고소함이 더해지고, 불포화 지방산과 항산화 성분도 함께 섭취할 수 있어요. 또 전분의 빠른 흡수를 완화해 혈당이 급격히 오르지 않도록 하는 데 도움이 됩니다.

1 쌀을 여러 번 씻고 30분 이상 체에 밭쳐 마른 불림 해주세요.

2 냄비에 불린 쌀과 냉동 콜리플라워라이스를 붓고, 물을 넣어주세요.

3 냄비를 중강불에 놓고 바글바글 끓기 시작하면 바닥까지 주걱으로 저어준 다음, 올리브오일을 두르고 뚜껑 덮어 중약불에 약 10분 끓여요.

4 불을 끄고 약 5~10분 뜸을 들인 후 주걱으로 저어 마무리해요.

사골숙주쌀국수

성장기 아이의 뼈 건강에 더없이 좋은 사골! 영양 보충과 기력 회복에도 효과가 있어 면역력에 도움을 주죠. 녹진한 사골국을 보니 일본에서 먹었던 라멘이 생각나더라고요. 깊고 진한 국물에 아삭한 숙주와 채소를 더해 느끼하지 않고 부드러운 라멘과 똑 닮은 건강한 면 요리를 만들었어요.

캬~ 진한 국물 맛!

재료

사골곰탕 350ml
숙주 30g
당근 10g
대파 5g
청경채 3장
다시마 1조각
다진 마늘 1/3t
된장 1/3t
간장 1/3t
쌀소면 60~80g(건면 기준)
(선택 : 삶은 달걀)

약 1~2회 분량

1 당근, 대파, 숙주, 청경채를 아이가 먹기 좋은 크기로 썰어요. 냄비에 쌀소면을 삶아 찬물에 헹군 후 체에 밭쳐둡니다.

2 사골곰탕에 다시마를 넣고 끓이다가 약 3분 후 건져주세요.

3 다진 마늘, 된장, 간장을 넣고 잘 풀어주세요.

4 손질한 채소를 넣고 약 3~4분 팔팔 끓여 익혀요.

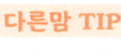

- 사골곰탕에 소금이 들어간 경우, 된장과 간장의 양은 줄여주세요.

5 그릇에 삶아둔 소면을 넣고 국물을 부어 완성해요.

완두콩국수

초록의 완두콩과 캐슈넛, 고소한 깨를 갈아 만든 콩국물은 우리가 흔히 먹었던 것보다 더 부드럽고 풍미가 깊어요. 특히 완두콩은 어린아이에게 꼭 필요한 단백질, 식이섬유, 비타민 B군이 풍부해요. 콩의 비릿함을 싫어하는 아이도 완두콩의 달콤한 맛 덕분에 맛있게 한 그릇 비울 수 있을 거예요. 무더운 여름에 이 완두콩국수로 입맛 살려 보세요.

재료

현미쌀소면 60~80g(건면 기준)

완두콩 100g

캐슈넛 50g(또는 땅콩버터 1T)

통깨 10g

콩 삶은 물 150~200ml

고명(오이, 토마토, 삶은 달걀 등)

(선택 : 소금 1꼬집, 땅콩버터 1T)

완성

콩국물 약 3~4회 분량

1. 캐슈넛을 물에 약 20~30분 불려요.

2. 삶은 달걀, 오이, 토마토 등의 고명을 적당량 준비해요. 콩국수와 어울릴 만한 다른 고명을 준비해도 돼요.

3. 완두콩은 끓는 물에 약 10분 이상 삶아요.

4. 현미쌀소면을 삶아서 찬물에 헹군 다음, 체에 밭쳐 물기 제거해요.

다른맘 TIP

- 완두콩 대신 검은콩 등 다른 콩을 활용해도 좋아요.
- 콩국물에 땅콩버터 1T를 추가하면 고소한 맛이 배가돼요.

5. 믹서기에 삶은 완두콩, 불린 캐슈넛, 통깨, 콩 삶은 물을 넣고 곱게 갈아요. 소금을 넣어 간을 맞추고(선택), 그릇에 소면, 완두콩국물, 고명을 순서대로 담아요.

가볍게 후루룩
수프·스무디

마음의 여유가 없을 땐 가볍게 후루룩 마실 수 있는 수프나 스무디가 생각나요. 날이 싸늘할 땐 뜨끈한 국물로 속을 데우는 수프를, 무더위로 입맛이 뚝 떨어졌다면 채소의 영양소와 섬유질까지 통째로 마시는 스무디로 입맛을 깨워보세요. 수프의 경우 미리 만들어 소분·냉동해 두었다가 필요할 때 하나씩 꺼내 해동해 먹거나 다양한 요리의 재료로 활용하면 세상 편하답니다.

가지크림수프

안토시아닌이 풍부한 가지로 만든 크리미한 질감의 수프예요. 가지는 특유의 맛과 향, 그리고 물컹거리는 식감 때문에 편식하는 아이가 많은데요. 그런 점을 보완해서 가지의 영양 성분은 온전히 섭취하고, 서서히 좋아할 수 있도록 도움을 주는 레시피예요. 한 번 만들어두면 가지크림파스타, 가지크림라자냐 등으로 다양하게 활용하기도 좋답니다.

> 가지의 식감을 싫어하는 아이도 가지크림수프는 맛있게 먹어요!

재료

가지 2개
양파 1개(약 100g)
감자 1개(약 80g)
코코넛밀크(또는 우유) 200ml
물 30ml, 100ml
기버터(또는 올리브오일) 1T
(선택 : 슬라이스치즈 1장)

완성

약 4~5회 분량

다른맘 TIP

- 코코넛밀크 대신 우유를 사용한다면, 수프가 너무 묽어지지 않게 양을 조금 줄여도 좋아요. 치즈를 추가하면 풍미가 더해지고 꾸덕한 질감의 수프가 완성돼요.

- 1회 분량을 제공하고, 나머지는 냉동 보관하여 다양한 요리에 활용해 보세요.(p.198 참고) 냉동한 가지크림수프는 약 2주 이내에 소진하는 걸 권장해요.

1 가지와 감자, 양파를 적당한 크기로 썰어주세요.

2 전자레인지용 용기에 감자와 물 30ml를 넣고, 전자레인지에 약 2분 돌려 미리 익혀요.(조리시간 단축)

3 달군 팬에 기버터를 녹이고 중약불로 약 1~2분 양파를 볶아주세요.

4 양파가 투명해지면 가지와 찐 감자를 넣고 약 1~2분 볶아요. 가지 숨이 죽으면 물 100ml를 붓고 뚜껑 닫아 약 3분 푹 끓여주세요.

5 재료가 잠길 만큼 코코넛밀크를 붓고, 핸드블렌더(혹은 믹서기)로 곱게 갈아준 후 잘 저어가며 약 2~3분 끓이면 완성입니다.

당근마카다미아수프

수프를 만들 때 우유 등의 유제품 대신 마카다미아를 활용하면 속도 편안하고 건강한 지방을 챙길 수 있어요. 고소한 크리미함과 견과류의 풍미까지 살릴 수 있어 고급 레스토랑에서 맛볼 법한 메뉴가 탄생한답니다. 당근은 비타민 A와 C, 식이섬유, 칼륨 등이 풍부한 채소예요. 부드럽게 익힌 당근의 영양소를 아이가 온전히 섭취하도록 해요.

눈 건강, 면역에 좋은 비타민 A, C가 듬뿍!

재료

당근 200g

양파 100g

마카다미아 15톨(약 40g)

채수(또는 물) 400ml

올리브오일 1T

 완성

약 4~5회 분량

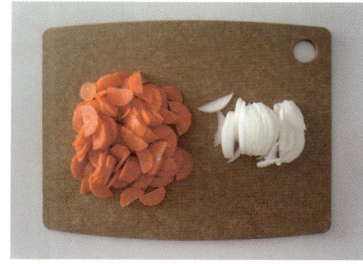

1 양파와 당근을 얇게 썰어주세요.

2 달군 팬에 오일을 두르고, 양파의 숨이 죽을 때까지 약 2분 볶다가, 당근을 넣고 추가로 2분 더 볶아요.

3 채수를 붓고 바글바글 끓으면 뚜껑 닫아 중약불에 약 15분 푹 끓여요. 중간중간 떠오르는 불순물을 제거하면 좋아요.

4 푹 익힌 재료를 믹서기에 옮겨 담고 마카다미아를 추가해 함께 곱게 갈아요.

 **다른맘 TIP**

- 마카다미아는 10분 정도 물에 불렸다가 갈면 더 부드럽게 잘 갈리고, 수프에 넣었을 때 크리미한 질감이 잘 살아나요.

- 농도가 너무 되직하면 채수나 물을 좀 추가하면 되고, 농도가 묽다면 원하는 농도가 될 때까지 조금 더 끓여 수분을 날려주세요.

5 냄비로 다시 옮겨 약불에 한소끔 끓여 완성해요. 약 1~2분만 더 끓여도 되직한 질감이 나올 거예요.

사골양파수프

사골국을 활용해 영양 만점 수프를 간단하게 만들 수 있어요. 깊은 국물 맛에 양파의 달콤한 맛을 더해 간을 거의 하지 않아도 아이가 맛있게 잘 먹을 수 있어요. 부드러운 식감에 후루룩 편하게 먹이는 영양 수프, 함께 만들어 보아요.

사골곰탕 200ml
양파 100g
슬라이스치즈 1장
오일 1t

약 1회 분량

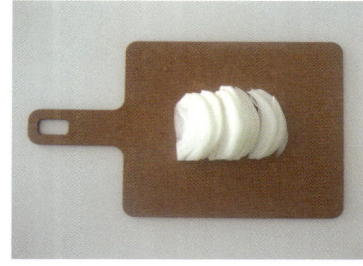

1 양파를 채 썰어 준비해요.

2 예열한 팬에 오일을 두르고, 채 썬 양파를 중약불로 약 5분 볶아주세요.

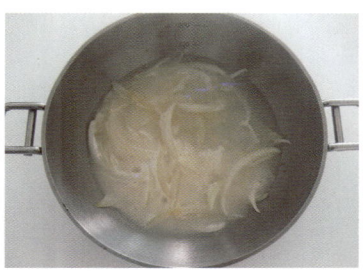

3 양파가 투명해지면 사골곰탕을 추가하고, 뚜껑 닫고 약 10분 바글바글 끓여주세요.

4 슬라이스치즈를 넣고 잘 저어가며 녹여 마무리해요.

다른맘 TIP

- 그대로 제공해도 좋지만, 좀 더 든든하게 먹이고 싶다면 밥 위에 부어줘도 좋아요.

소고기토마토스튜

소고기와 토마토는 영양과 맛 모든 면에서 최강의 조합이에요. 소고기의 철분은 토마토의 비타민 C를 만나 흡수율이 높아지고, 소고기의 진한 고소함은 토마토의 상큼한 산미를 만나 감칠맛이 업! 그간 소고기토마토스튜의 레시피가 복잡했다면, 전기밥솥을 활용해 한 번에 조리를 끝내보세요.

맛 최고!
영양 최고!

재료

소고기 다짐육 250g

양파 150g

토마토 2개(약 250g)

당근 1/4개

물 250ml

(선택 : 자투리 채소 조금, 카레가루 1/2t)

 완성

약 4회 분량

1 토마토 아래쪽에 열십자(十)로 칼집을 내고, 전자레인지에 약 1~2분 돌려 껍질을 벗겨주세요.

2 익힌 토마토와 양파, 당근을 작게 썰어 준비해요. 냉장고에 있는 자투리 채소를 추가해도 좋아요.(가지 애호박, 샐러리 등)

3 밥솥 내솥에 소고기 다짐육과 손질한 채소, 물을 모두 넣고, 만능찜 모드로 30분 조리해요. 선택 사항인 카레카루를 넣어도 맛있어요.

다른맘 TIP

- 밥이나 건강빵을 곁들이면 더욱 든든한 식사가 돼요.
- 소고기는 다짐육이나 슬라이스 모두 사용 가능해요. 다만, 두툼한 소고기라면 적당히 작게 잘라서 조리해요.
- 남은 건 소분해 냉동해 두었다가 2주 이내에 소진해요.

치킨누들수프

아이가 감기 기운이 있거나 입맛이 없을 때 푹 끓여 제공하는 영양 특식입니다. 야들야들 부드러운 닭고기와 채소의 단맛이 어우러져 없던 입맛도 되살아나는 마법의 메뉴예요. 푸실리 파스타 대신 쌀소면이나 밥과 함께 먹어도 되고, 혹은 파스타면 넉넉하게 추가해 온 가족 함께 보양식으로 먹어도 좋답니다.

온 가족 함께 먹는 보양식!

재료

닭고기(안심·다리) 총 400g
양파 100g
감자 100g
당근 50g
다진 마늘 10g
물 300ml
치킨스톡(또는 소금) 조금
오일 1T
삶은 푸실리 파스타 100g
(선택 : 월계수잎 1장, 샐러리 조금)

완성

수프 약 6회 분량
면·밥 추가 시 4식구 1끼용

다른맘 TIP

- 월계수잎이 있다면, 4번 과정에서 끓이기 시작할 때 넣었다가 파스타면을 넣기 전에 빼요.
- 푸실리 파스타를 미리 삶아서 1끼 분량씩 소분·냉동해 두면, 급할 때 꺼내 활용하기 좋아요.

1 닭고기는 끓는 물에 약 5분 데쳐 불순물과 잡내를 제거하고, 작은 크기로 썰어주세요. 닭다리는 칼집을 내 주세요.

2 양파, 감자, 당근을 작게 썰어요. 샐러리가 있다면 함께 준비해요.

3 예열한 냄비에 오일을 두르고 다진 마늘과 양파, 감자, 당근을 약 2분 볶아요.

4 데친 닭고기를 냄비에 추가해 넣고, 재료가 잠길 만큼의 물 300ml를 부어 강불에 바글바글 끓여요. 한소끔 끓어오르면 중약불로 낮추고 뚜껑 닫고 약 20분 끓여요.

5 삶은 푸실리 파스타를 넣고 한소끔 끓여주세요. 치킨스톡 또는 소금으로 간해서 마무리해요.

옥수수콜드수프

불 앞에 서기 싫은 여름, 시원하게 갈아 만들어 바로 즐기는 콜드수프 어때요? 여름의 시작을 알리는 초당옥수수와 부드러운 두유가 제대로 만났어요. 끓이지 않아 간편하고, 입안에 넣는 순간 개운한 달콤함과 진한 고소함이 퍼져요. 아이도 어른도 부담 없이 즐기는 무더위 속 영양 보충 메뉴로 추천합니다.

재료

초당옥수수(또는 찰옥수수) 1개

무첨가 두유 1팩(190ml)

(선택 : 소금 1꼬집, 알룰로스 조금)

완성

약 1~2회 분량

1 초당옥수수를 돌려가며 칼로 알맹이만 발라주세요.

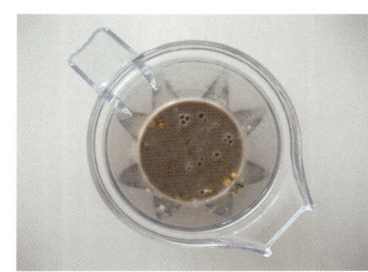

2 믹서기에 초당옥수수 알맹이와 두유 한 팩을 넣어 갈아주세요. 단맛을 좀 더 내고 싶다면, 소금과 알룰로스를 조금만 추가해요.

다른맘 TIP

- 초당옥수수는 익히지 않아도 되지만, 일반 찰옥수수의 경우 익히는 과정이 필요해요. 생 옥수수는 약 40분 이상 충분히 삶아야 하는데, 과정이 번거롭다면 냉동된 찐 옥수수를 해동해 사용하면 돼요.
- 옥수수나 단호박, 고구마 같은 달콤한 재료를 찔 때 소금을 1꼬집 넣으면 단맛이 더 도드라져요.

그린스무디

스무디는 착즙 주스와는 다르게 원물을 통째로 갈아 마시기 때문에 섬유질은 그대로 유지하고 다양한 비타민, 미네랄을 효과적으로 섭취할 수 있어요. 양배추는 식이섬유가 많아 장 건강에 좋고, 항산화 성분인 폴리페놀이 풍부해 성장 발달을 도와요. 브로콜리는 뼈 형성에 필수인 비타민 K가 풍부하고, 아보카도는 두뇌 발달을 돕는 불포화 지방산이 가득하죠. 그린스무디는 채소를 편식하는 아이들에게 '입문 스무디'로 추천해요.

새콤달콤한 키위 맛이 나요!

재료

양배추 100g

브로콜리 100g

아보카도 1개

레몬즙 20ml

찬물 300ml

(선택 : 알룰로스 조금)

 완성

약 2회 분량

1 양배추와 브로콜리는 팔팔 끓는 찜기에 넣고 약 3~4분 쪄주세요.

2 믹서기에 재료를 모두 넣고 곱게 갈아주세요.

다른맘 TIP

- 브로콜리는 줄기보다 꽃봉오리를 중심으로 사용하면 스무디의 식감이 부드러워져요.
- 브로콜리를 찔 때 색깔이 선명한 초록색으로 바뀌면 바로 꺼내는 게 좋아요. 그 이상 찌면 비타민 C가 손실될 수 있고, 쓴맛이 다소 강해질 수 있어요.
- 사과나 바나나를 추가하면 단맛이 더해지고 맛이 더욱 부드러워져요.

레드스무디

철분과 엽산이 풍부한 비트는 뿌리채소라 특유의 흙맛이 느껴질 수 있는데, 재료를 잘 조합하기만 해도 부드럽고 달콤하게 즐길 수 있어요. 안토시아닌이 가득한 블루베리, 라이코펜이 풍부한 토마토와 함께 갈아 스무디로 마시면 진한 색 안에 숨은 강력한 항산화 성분을 자연스럽게 섭취할 수 있어요.

강렬한 레드의 여왕은 비트!

재료

찐 비트 100g
블루베리 1/2컵(약 70g)
토마토 1/2개(약 70g)
레몬즙 1t

완성

약 1~2회 분량

1 비트를 2cm 두께로 길게 썬 다음, 찜기에 약 18~20분 푹 쪄주세요.

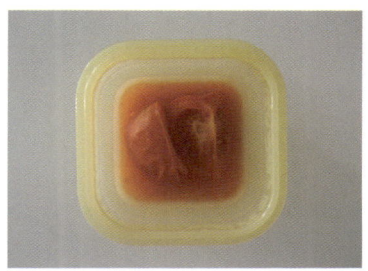

2 비트를 찌는 동안 전자레인지용 용기에 토마토를 넣고 약 1분 돌려 찐 후 꼭지와 껍질을 제거해요.

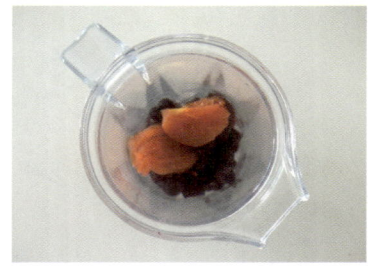

3 믹서기에 재료를 모두 넣고 곱게 갈아요.

다른맘 TIP

- 아이가 마시기에 되직하게 느껴진다면 물을 추가하며 농도를 조절해 주세요.

콜리바나나 저당아이스크림

콜리플라워는 맛과 향이 거의 없는데 채소의 영양소는 충분히 가지고 있어 여러 가지 건강한 요리에 활용하기 좋아요. 젤리처럼 톡톡 씹히는 냉동 콜리플라워라이스와 바나나가 주는 천연의 달콤함이 만나 아이가 정말 좋아하는 메뉴가 되었답니다. 콜리플라워라이스 덕분에 식이섬유, 비타민까지 챙길 수 있어, 아이스크림처럼 달콤한 간식을 주면서도 마음이 한결 가볍습니다.

바나나(과일)
+ 콜리플라워(채소)
+ 호두(견과류)
= 건강한 아이스크림 완성!

바나나 300g(약 2개)

냉동 콜리플라워라이스 100g

(선택 : 호두 조금)

약 4~5회 분량

1 믹서기에 바나나와 콜리플라워라이스를 넣고 갈아주세요.

2 냉동 가능한 용기에 옮겨 담고, 최소 5시간 이상 냉동해요.

3 먹기 20~30분 전에 미리 꺼내두고, 호두를 부숴서 뿌려요.

여유롭고 근사한 주말 브런치

아무래도 여유로운 주말엔 좀 더 근사한 걸 먹고 싶잖아요. 느지막이 일어나서 느긋하게 차려 먹고 싶은 날, 아이도 좋아하고 엄마 입맛에도 잘 맞는 건강한 브런치 메뉴를 즐겨보세요. 가벼운 샐러드나 코울슬로부터 파스타, 퀘사디아, 여기에 평일에 굽기 힘든 미트파이, 스테이크, 치킨까지! 건강하고 든든하게 영양 보충할 메뉴로 주말 첫 끼를 시작해요.

닭고기채소 프리타타

이탈리식 오믈렛을 뜻하는 프리타타(Frittata)는 달걀을 부드럽게 풀어 채소, 고기, 치즈 등을 섞어 만드는 요리입니다. 전통적인 이탈리아 프리타타는 보통 시금치를 사용하는 경우가 많지만, 냉장고에 남아있는 자투리 채소를 활용해 만들어도 괜찮아요. 채소의 종류를 자유롭게 바꿔가며 다채로운 프리타타를 만들어봐요!

부드러운 달걀 속에 채소, 고기가 쏙쏙!

재료

닭고기 50g
감자 50g
브로콜리 25g
양파 25g
물 20ml
달걀 1개
슬라이스치즈 1장
오일 조금

완성

약 1회 분량

1 닭고기, 감자, 브로콜리, 양파를 작게 썰어주세요.

2 전자레인지용 용기에 썰어둔 재료와 물 20ml를 넣고 전자레인지에 약 2~3분 돌려 익혀요.

3 남은 물은 따라 버리고, 달걀을 풀어 추가하고 슬라이스치즈를 잘게 찢어 넣은 다음 잘 섞어요.

4 에어프라이어 가능한 용기에 오일을 바른 다음, 준비한 재료를 모두 옮겨 담고 에어프라이어에 170도 약 15분 구워주세요.

5 한 김 식은 다음 먹기 좋은 크기로 잘라요. 블루베리나 토마토를 곁들여도 좋아요.

바나나브레드

바나나, 달걀, 오트밀, 우유 단 4가지 재료로 만드는 부드러운 한 조각의 행복! 설탕 없이도 달콤하고, 밀가루 없이도 촉촉한 건강빵을 만들 수 있어요. 특별한 베이킹 기술 없이도 빵 굽는 냄새가 솔솔 퍼지는 여유로운 아침을 맞아보세요. 아이와 어른 모두에게 든든한 한 끼가 되어줄 다른맘의 시그니처 메뉴입니다.

달달~ 촉촉~ 보들~
바나나 콕콕 건강빵!

재료

바나나 60g (빵 반죽용)
바나나 슬라이스 6~7개 (토핑용)
달걀 1개
오트밀 20g
오트밀가루 20g
우유(또는 두유) 40ml
(선택 : 시나몬가루 조금)

완성

약 2회 분량

1 에어프라이어 가능한 용기에 잘 익은 바나나를 으깨주세요.

2 달걀, 오트밀, 오트밀가루, 우유와 시나몬가루(선택)를 추가해 넣고 잘 섞어주세요.

3 반죽을 평평하게 정리하고 반죽 위에 토핑용 바나나를 올린 다음, 에어프라이어에 160도 20분, 뒤집어서 10분 구워주세요.

4 한 김 식힌 다음 적당한 크기로 썰어주세요.

다른맘 TIP

- 바나나 1개의 껍질을 까서 60g은 빵 반죽에 넣고, 나머지를 토핑용 바나나로 활용하면 돼요.

달당샐러드

부드럽게 삶은 달걀과 찐 당근을 으깨고, 마요네즈 대신 그릭요거트로 가볍고 산뜻하게 버무린 건강한 샐러드입니다. 주재료인 달걀과 당근의 만남에 '달달하게' 맛있기도 해서 이름을 달당샐러드로 지었어요. 당근이나 브로콜리 특유의 향이나 식감은 가려주고, 올리브오일을 더해 몸에 좋은 베타카로틴의 흡수율까지 높였어요.

산뜻하고 부드러운 건강 샐러드!

재료

당근 1~2개(약 150g)

브로콜리 1~2송이(약 30g)

달걀 2개

물 30ml

올리브오일 2t

그릭요거트 2T

(선택 : 간장 1/3t, 마늘가루 1/2t)

 **완성**

약 2회 분량

1. 달걀을 끓는 물에 10분 이상 삶고 껍질을 벗겨 준비해요.

2. 당근과 브로콜리를 적당한 크기로 썰어줍니다.

3. 전자레인지용 용기에 당근과 브로콜리, 물 30ml를 넣고 전자레인지에 약 5분 돌려 푹 익혀요.

4. 용기에 남은 물은 따라 버리고, 삶은 달걀을 추가해 매셔나 포크로 잘게 으깨요. 위생장갑을 끼고 손으로 짓이기며 으깨도 돼요. 올리브오일, 그릭요거트를 넣어 잘 섞어요. 선택 사항인 간장, 마늘가루를 넣으면 한층 풍미가 좋아져요.

다른맘 TIP

- 씬 크래커나 통밀빵을 곁들이면 든든한 한 끼가 돼요.

PART 4. 여유롭고 근사한 주말 브런치

포테이토 퀘사디아

또띠아 없이 감자와 달걀을 활용해 퀘사디아를 만들어요. 토마토라구소스만 미리 만들어 둔다면 조리 과정 10분 컷! 슬라이스한 감자를 깔고, 달걀을 부어 만든 건강한 도우에 토마토라구소스와 치즈만 올리면 돼요. 간단하게 만들고 든든하게 먹는 고마운 레시피예요.

잘 익은 아보카도와 어울려요!

재료

감자 140g

달걀 2개

토마토라구소스 100g(p.248 참고)

슬라이스치즈 2장

오일 조금

약 1~2회 분량

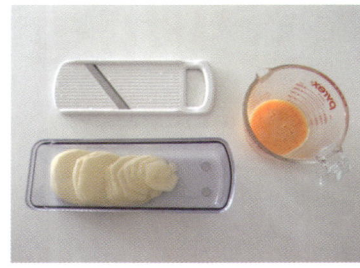

1 감자는 채칼로 얇게 썰고, 달걀을 잘 풀어 준비해요.

2 달군 팬에 오일을 두르고 감자를 겹쳐가며 바닥에 빙 둘러 깔아주세요.

3 감자가 서로 잘 붙도록 그 위로 달걀물을 붓고 익혀주세요.

4 바닥 면이 어느 정도 익으면 토마토라구소스와 슬라이스치즈를 올려주세요.

5 감자달걀 도우를 반 접고, 약불에 재료를 마저 익혀주세요.

단호박미트파이

밀가루 대신 쌀가루를 사용해서 아이 입맛에 딱 맞춘 엄마표 미트파이를 만들었어요. 단호박의 은은한 단맛 덕에 설탕이나 소금 없이도 맛있는 파이지를 빚을 수 있어요. 속재료인 소고기는 양질의 동물성 단백질에 철분, 아연, 비타민 B12가 풍부해서 성장기 아이에게 꼭 필요해요. 여유로운 아침에 아이에게 먹이고 싶은 건강한 미트파이, 꼭 도전해 보세요.

재료

찐 단호박 160g

쌀가루 40g 내외(단호박 수분에 따라 가감)

소고기 다짐육 100g

양파 40g

데친 시금치 15g

치즈 15g

다진 마늘 1t

간장 1/2t

케첩 1/2t

알룰로스 1/2t

기버터 조금

완성

머핀틀(중) 4개 분량

다른맘 TIP

- 쌀가루 양은 단호박의 수분에 따라 가감해 주세요. 단호박을 찌거나 구워서 수분을 날리고 사용하면 쌀가루의 사용량을 줄일 수 있어요.
- 파이를 만들고 남은 미트소는 밥 반찬으로 먹어도 좋아요.

1. 양파는 작게 썰고, 데친 시금치는 작게 다져요.
2. 달군 팬에 기버터 녹이고 다진 마늘과 양파를 넣고 약 1분 볶다가 양파가 반투명해지면 소고기를 넣고 볶아요.
3. 소고기가 익으면 팬 가운데 공간을 만들고 간장, 케첩, 알룰로스 넣고 잘 섞어요.
4. 데친 시금치와 치즈를 추가하고 약불에 치즈가 녹을 때까지 잠시 저어준 다음 한 김 식혀요.
5. 볼에 찐 단호박과 쌀가루를 넣고 주무르며 반죽해요.
6. 반죽을 4등분 한 후, 그중 반만 떼어 머핀틀에 움푹 파인 타르트 모양으로 빚어요.
7. 움푹 파인 반죽 위에 미트소를 채워요.
8. 남은 반죽으로 윗부분을 덮고, 가장자리가 붙을 수 있도록 잘 눌러요.
9. 에어프라이어 165도에서 약 15분 구워주세요. 중간에 익힘 정도를 확인하며 온도와 시간을 조절해요.

PART 4. 여유롭고 근사한 주말 브런치

궁중파스타

흰쌀가루로 만든 떡은 정제 탄수화물이라 섬유질이 거의 제거돼 빠르게 소화되고 혈당도 금세 올라가요. 대신 고식이섬유·고단백의 파스타를 활용한 '궁중파스타'는 아이가 좋아하면서도 건강까지 챙길 수 있는 메뉴랍니다. 특히 홈이 있는 펜네 리가테를 사용하면 떡볶이용 떡과 비슷한 모양이라 아이가 친근하게 느끼고, 거친 표면에 소스도 잘 스며들어 맛이 한층 풍성해집니다. 펜네가 없다면 푸실리 파스타면도 괜찮아요.

궁중떡볶이랑 똑 닮았죠?

재료

소고기 다짐육 30g
양파 30g
당근 10g
표고버섯 1개
대파 10g
파프리카 20g
펜네 파스타 50g
다진 마늘 1/2t
오일 1T
간장 1/2t
면수(또는 물) 50ml
굴소스 1/3t
알룰로스 1t
참기름 1t
통깨 조금

완성

약 1~2회 분량

1. 양파, 당근, 표고버섯, 파프리카, 대파 등 준비한 채소를 썰고, 펜네 파스타는 포장지에 적힌 시간만큼 삶아 준비해요.

2. 예열한 팬에 오일을 두르고, 다진 마늘과 대파를 넣어 중약불에 약 1분 볶아 향을 내요.

3. 파, 마늘 향이 올라오면 소고기와 간장을 넣고 핏기가 사라질 때까지 중불로 약 1분 볶아요.

4. 손질한 채소를 모두 넣고 당근이 절반 이상 익을 때까지 약 1~2분간 볶아요.

5. 삶은 펜네 파스타, 면수, 굴소스, 알룰로스를 넣은 다음 센 불로 올리고, 끓기 시작하면 중불로 약 2~3분 끓이며 자작하게 졸여요. 불 끄고 참기름과 통깨 뿌려 마무리해요.

PART 4. 여유롭고 근사한 주말 브런치

요거트촉촉 닭다리구이

닭다리를 에어프라이어에 구우면 간편하긴 하지만, 표면이 쉽게 마르고 딱딱해질 수 있는데요. 레시피 속 꿀팁으로 세상 촉촉한 닭다리구이를 만들 수 있어요. '요거트촉촉 닭다리구이'는 다른이가 자기주도 이유식을 할 때부터 자주 해주던 메뉴입니다. 살이 촉촉하고 부드러운 데다가 손으로 잡고 먹기에도 정말 편하답니다.

재료

닭다리 5개

그릭요거트 50g

시즈닝(다진 마늘, 양파가루, 파프리카가루, 큐민가루 등 취향에 따라 선택)

오일 20g

(선택 : 우유)

완성

약 1~2회 분량

1 닭다리를 한 손으로 잡고, 윗부분의 닭껍질을 내려 벗겨주세요. 껍질을 완전히 제거하지 않고, 아래쪽 손잡이 부분에 남겨둡니다.

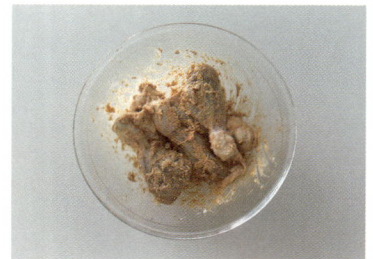

2 볼에 시즈닝, 그릭요거트, 오일을 넣어 잘 섞은 다음, 손질한 닭다리에 발라서 냉장고에서 30분 이상 재워요.

3 에어프라이어용 용기에 담고, 아래로 내려 벗겨둔 닭껍질을 다시 위로 올려 닭다릿살 부분을 원래처럼 감싸주세요.

다른맘 TIP

- 아직 아이가 육류 잡내에 예민할 수 있으니 조리하기 전에 우유에 20~30분 정도 담가 잡내를 제거하는 것을 추천해요. 아이가 평소 닭을 잘 먹거나 신선한 닭일 경우 생략해도 좋아요.

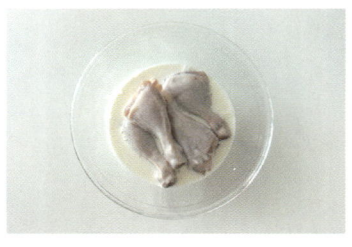

4 에어프라이어에 넣고 170도 20분 굽고, 뒤집어서 다시 15분 구워요. 에어프라이어에 따라 구움 정도가 다를 수 있으니, 중간중간 확인하고 시간은 가감해요.

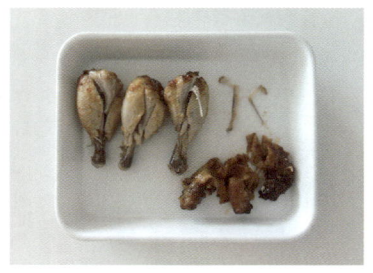

5 다 구워진 후 닭껍질을 완전히 벗겨내고, 아랫부분의 연골과 뼈에 길게 붙어 있는 가시처럼 뾰족한 날카로운 뼈를 제거하면, 아이가 잡고 편하게 먹을 수 있어요.

PART 4. 여유롭고 근사한 주말 브런치

연어해시브라운

오메가-3 지방산이 풍부한 생선을 자주 먹이고 싶은데, 아이가 자꾸 편식하고 밀어낸다면 '연어해시브라운'으로 만들어보세요. 감자 속에 생선과 채소가 숨겨져 있어 거부감 없이 잘 먹어줄 거예요. 단백질과 비타민, 식이섬유까지 한 끼 식사로 충분한 영양 균형을 이루는 메뉴랍니다.

고소한 감자 안에
연어와 채소가 쏙쏙!

재료

감자 1개(약 200g)

연어 80g

브로콜리 40g

전분가루 2T

슬라이스치즈 1장

오일 조금

완성

약 1~2회 분량

1 연어는 센 불에서 김이 오른 뒤, 찜기에 뚜껑을 닫고 약 7~8분 촉촉하게 쪄요. 마지막 1분은 뚜껑을 열어 비린내를 날려주세요. 브로콜리도 같이 쪄요.

2 감자는 초퍼로 다지고 체에 밭쳐 물기를 빼주세요. 숟가락으로 꾹꾹 눌러주면 수분이 더 잘 제거됩니다.

3 볼에 찐 연어와 찐 브로콜리, 물기 제거한 감자, 전분가루, 슬라이스치즈를 넣고 재료를 으깨며 잘 섞어주세요.

4 약 1.5cm 두께로 꾹꾹 눌러 원하는 모양을 만들고, 오일 두른 팬에 중약불로 앞뒤 노릇하게 구워주세요.

다른맘 TIP

- 연어 대신, 아이가 잘 안 먹는 다른 생선으로 만들어도 좋아요.
- 반죽이 잘 뭉쳐지지 않는다면 전분가루 1T를 추가해요.

치킨토마토라이스

토마토가 익어가면 의사의 얼굴이 파래진다고 하죠. 비타민 A, C, K를 비롯해 미네랄, 식이섬유, 항산화 성분 등 토마토가 품은 영양소는 무궁무진합니다. 이런 토마토의 풍성한 영양소와 새콤달콤한 맛이 밥알 하나하나에 스민 특식입니다. 입 짧은 아이도 반하는 감칠맛 풍부한 한 그릇 요리랍니다.

감칠맛 폭발!
영양도 만점!

재료

닭다리살 300g

쌀 1컵

양파 50g

토마토 1개

자투리 채소(파프리카, 옥수수 등) 50g

토마토소스 1/2컵

다진 마늘 1t

기버터(또는 올리브오일) 1t

물 1컵

(선택 : 치킨스톡 또는 소금 조금)

약 4~6회 분량

다른맘 TIP

- 물을 좀 더 넉넉하게 부어서 졸이면 리소토로 먹을 수 있어요.

1 쌀은 세척 후 약 30분 체에 밭쳐 마른 불림 해둬요. 양파와 자투리 채소는 작게 다지고, 토마토는 큼직하게 썰어요.

2 기버터 올린 팬에 닭다리살의 껍질 부분부터 구워요. 약 5분 앞뒤로 노릇하게 구운 후 익은 닭다리살은 빈 접시에 잠시 빼둬요.

3 같은 팬에 다진 마늘과 양파를 먼저 넣고 중약불에 1분 볶아 향을 살려요. 자투리 채소도 추가해 볶고 불린 쌀을 넣어요.

4 마지막으로 물, 토마토, 토마토소스, 치킨스톡 또는 소금(선택)을 넣고 강불에 올려 바글바글 끓어오르면 바닥까지 주걱으로 저어요.

5 2번 과정에서 익힌 닭다리살을 잘라서 올린 후 뚜껑 덮어 약불에 약 15분 끓인 다음, 불을 끄고 약 10분 뜸 들여요.

크리미애호박파스타

곱게 채 썬 애호박이 우유에 부드럽게 녹아들어 은은한 단맛을 내요. 애호박과 우유가 이렇게 잘 어울리다니! 하며 크리미한 소스에 감탄했던 메뉴입니다. 여기에 닭안심이나 닭가슴살로 단백질까지 꽉 채운 영양 만점 한 그릇 요리예요. 재료와 과정은 간단한데, 영양과 맛 모두 꽉 잡았답니다.

> 푹 익힌 애호박 소스!
> 채소 안 먹는
> 아이도 잘 먹어요!

재료

닭안심(또는 닭가슴살) 40g
애호박 70g
삶은 파스타면 70g
우유 100ml
슬라이스치즈 1/2장
다진 마늘 1/2t
기버터 1t

완성

약 1회 분량

1 파스타면은 포장지에 적힌 시간만큼 삶아주세요. 저는 푸실리 파스타면을 사용했어요.

2 애호박은 고운 채칼로 채 썰거나 강판에 갈고, 닭안심은 아이 한 입 크기로 썰어주세요.

3 예열한 팬에 기버터를 녹이고, 다진 마늘과 닭안심을 넣어 중불에 약 1~2분 볶아요. 애호박을 추가해 약 1~2분 더 볶아요.

4 우유와 삶은 파스타면, 슬라이스치즈를 넣고 잘 저어주며 한소끔 끓여요. 원하는 농도가 되면 불을 꺼주세요.

다른맘 TIP

- 파스타면을 미리 삶아서 한 끼 분량씩 소분·냉동해 두면 조리 시간을 단축할 수 있어요.

두부함박스테이크

소고기와 돼지고기, 두부의 최강 조합으로 탄생한 메뉴예요. 성장기 아이들에게 필요한 양질의 단백질이 골고루 들어있고, 채소를 추가하면 비타민과 식이섬유까지 챙길 수 있어요. 기름에 굽지 않고 에어프라이어로 조리해서 아이부터 어른까지 부담 없이 담백하게 즐길 수 있답니다.

재료

소고기 다짐육 100g
돼지고기 다짐육 70g
두부 100g
양파 70g
대파(흰 부분 위주) 50g
당근 30g
다진 마늘 1t
전분가루 2T
올리브오일 1T
(선택 : 소금, 후추 조금)

소스 :
간장 1T
케첩 1.5T
알룰로스 2T
식초 1T
물 1T

완성

약 2~3회 분량

다른맘 TIP

• 두부의 물기를 꽉 짜내고 사용하면 조금 더 단단한 두부함박스테이크가 완성돼요.

1. 양파, 대파, 당근은 다지고, 오일 둘러 달군 팬에 다진 마늘과 함께 약 2분 볶아 익히고 한 김 식혀주세요.

2. 볼에 소고기 다짐육, 돼지고기 다짐육을 넣고, 전분가루와 함께 먼저 잘 섞어요. 볶은 채소와 두부, 소금과 후추(선택)를 추가해 잘 섞으며 치대요.

3. 에어프라이어 가능한 용기에 오일을 바르고 함박스테이크 반죽을 2~3cm 두께로 꾹꾹 눌러 담아요. 에어프라이어에 넣고 170도 약 20분 구워요.

4. 함박스테이크가 익는 사이 간장, 케첩, 알룰로스, 식초, 물을 섞어 만든 소스를 프라이팬에 붓고, 중약불에 올려 바글바글 끓어오르면 불 끄고 식혀요.

5. 에어프라이어에서 함박스테이크를 꺼내 적당한 크기로 잘라요. 만들어둔 소스를 곁들여 먹어요.

탄두리윙치킨

각종 향신료와 발효유에 재운 닭고기를 쇠꼬챙이에 꽂아 굽는 인도 요리가 바로 탄두리치킨인데요. 마치 불타는 듯한 빨간 매운맛을 빼고, 카레가루와 요거트, 레몬즙 등으로 순하고 부드러운 맛을 냈어요. 닭고기의 다른 부위에 비해 지방이 많아 상대적으로 부드럽고 탄력 있는 날개살에 다른맘표 양념이 더해진 레시피랍니다.

재료

닭날개 500g
요거트(또는 코코넛밀크) 85g
기버터 1T
카레가루 1T
레몬즙 1/2t
다진 마늘 1t

(선택 : 양파가루 1t, 파프리카가루 1/2t, 생강가루 1꼬집)

1 닭날개는 우유에 재워 잡내를 제거하고, 키친타올로 물기를 충분히 닦아주세요.

2 기버터를 전자레인지로 녹인 다음, 요거트, 카레가루, 레몬즙, 다진 마늘을 섞어 소스를 만들어요.

3 손질한 닭날개에 소스를 바르고 에어프라이어에 넣어 170도 10분, 뒤집어서 15분 구워주세요.

다른맘 TIP

- 기버터, 카레가루, 레몬즙, 다진 마늘을 넣은 소스를 미리 냉장고에서 1시간 정도 숙성시키면 더 맛있어져요. 기호에 따라 양파가루, 파프리카가루, 생강가루 등을 가감하면 더욱 맛있게 즐길 수 있답니다.

양배추당근 코울슬로

채소를 거부하던 아이도 한 숟가락, 한 숟가락 스스로 퍼먹는 마법의 메뉴예요. 양배추에는 위 점막을 보호하는 비타민 U, 변비를 예방하는 식이섬유, 면역력에 좋은 비타민 C까지 골고루 들어있어요. 여기에 비타민 A가 함유된 당근까지 더해져 아삭한 식감과 은은한 단맛이 나는 코울슬로가 됩니다.

> 아삭아삭 은은한 단맛!
> 양배추와 당근의 만남!

재료

양배추 100g
당근 40g
옥수수콘 30g
그릭요거트 30g
레몬즙 1/2t
알룰로스 1/2t
소금 1/4t

완성

약 2~3회 분량

다른맘 TIP

- 냉장 보관하고 5일 내로 소진해요. 밥 반찬, 김밥 속재료, 버거 속재료 등으로 다양하게 활용할 수 있답니다.

1 양배추와 당근을 채칼로 얇게 채 썰어주세요.

2 채 썬 양배추와 당근을 볼에 담고, 소금을 뿌려 잘 뒤적인 후 약 20분 재울게요.

3 면보를 사용하여 야채에서 나온 물기를 꽉 짜주세요.

4 나머지 재료를 모두 넣고 잘 섞어주세요.

닭다리살 감자전

비가 오면 생각나는 '겉바속촉'의 감자전! 바삭한 감자전에 부드러운 닭다리살을 더해 풍부한 육즙과 감칠맛을 더했어요. 감자는 갈지 않고 입자감 있게 썰어 겉은 바삭하고 속은 촉촉한 감자튀김 같은 식감에, 닭고기 육즙이 팡팡 터지는 닭다리살 감자전입니다. 입안을 개운하게 정리해주는 산뜻한 요거트 소스를 곁들여 색다르게 즐겨보세요.

'겉바속촉' 감자전!
요거트 소스가 킥!

재료

닭다리살 300g(껍질 벗긴 닭다리살 250g)

감자 100g

물 30ml

전분물(전분가루 6T, 물 4T)

오일 조금

(선택 : 소금 1~2꼬집, 양파가루 1t)

요거트 소스 :

그릭요거트 2T

마요네즈 1t

레몬즙 1t

알룰로스 1t

완성

약 5~6회 분량

다른맘 TIP

- 조리 전에 닭다리살을 우유에 20~30분 정도 담가 잡내를 제거하면 좋아요. 신선한 닭일 경우 생략해도 돼요.
- 더 바삭한 식감을 원한다면 전분물을 만들 때 감자전분보다 옥수수전분을 사용하세요.

1 닭다리살은 껍질을 제거하고 작게 썰고, 감자는 작은 깍둑 모양으로 썰어요.

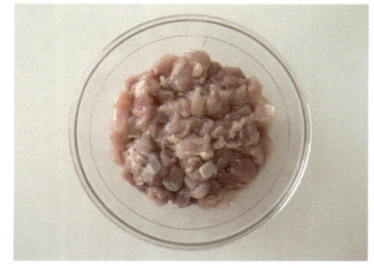

2 볼에 손질한 닭다리살을 넣고, 소금으로 밑간 후 약 10분 재워주세요.(간을 하지 않을 경우 생략)

3 전자레인지용 용기에 물 30ml와 감자를 함께 넣고, 전자레인지에 약 2분 돌려 먼저 익혀요.

4 다른 볼에 전분물, 양파가루(선택)를 섞고, 재워둔 닭다리살과 찐 감자를 넣고 마저 섞어요.

5 달군 팬에 오일을 두르고 반죽을 한 숟가락씩 떠서 올려요. 아랫면이 익으면 뒤집어 꾹꾹 누르며 노릇하게 구워요. 위 소스 재료를 섞어 요거트 소스를 만들어 곁들여요.

가지크림 파스타 & 라자냐

가지크림수프를 준비해 두었다면 파스타와 라자냐는 너무 쉽게 만들 수 있어요. 특히 푸실리 파스타면을 한꺼번에 삶아 1끼 분량씩 소분해 냉동해 두면, 이 파스타 레시피는 밀키트처럼 간편할 거예요. 라자냐 역시 가지크림수프에 토마토라구소스를 더해 뚝딱 만들 수 있는데, 맛있고 든든하고 아이가 너무 좋아합니다.

가지크림 파스타

재료

삶은 푸실리 파스타 70~90g
가지 40g
가지크림수프 50g(p.150 참고)
슬라이스치즈 1장

완성

약 1회 분량

1 가지는 반달 모양으로 썰고, 삶아서 냉동해 둔 푸실리 파스타면을 해동해요. 미리 준비해 둔 게 없다면, 포장지 표기대로 파스타면을 삶아 준비해요.

2 전자레인지용 용기에 모든 재료를 넣고 전자레인지에 1분 30초 돌린 후 재료를 잘 섞어요. 아이가 먹기 좋은 그릇에 담아 제공해요.

가지크림 라자냐

재료

밥 80g
가지 1/3개
토마토라구소스 100g(p.248 참고)
가지크림수프 40g(p.150 참고)
슬라이스치즈 1장

완성

약 1~2회 분량

1 가지는 채칼로 얇게 슬라이스 하고, 토마토라구소스를 분량만큼 준비해요.

2 전자레인지용 용기에 밥, 토마토라구소스, 가지, 가지크림수프 순서로 2회 반복하여 쌓은 후, 마지막에 슬라이스치즈를 올려 전자레인지에 1분 30초 돌려요. 아이가 먹기 좋은 크기로 잘라 제공해요.

고소미바사삭치킨

시중의 치킨과 비교 불가할 만큼 기름기와 나트륨은 확 줄이고 고소한 풍미는 더했어요. 튀김가루 대신 아몬드가루를 사용해 불필요한 탄수화물은 줄이고, 몸에 좋은 식이섬유와 불포화 지방산은 높였죠. 튀기지 않고 바삭하게 구워낸 수제 치킨으로 과도한 염분이나 당분 걱정 없이 건강한 단백질을 채울 수 있답니다.

건강하고 맛있는
홈메이드 치킨

재료

닭다리 5개(약 400g)
아몬드가루 100g
달걀 1개
소금, 후추 조금
오일스프레이

마늘간장소스(선택) :
기버터 2T
다진 마늘 1T
간장 1t
꿀 1t

완성

약 2회 분량

다른맘 TIP

- 튀김옷을 입힌 후에는 오일을 골고루 바르기 쉽지 않고, 오일 사용량도 많아져요. 오일스프레이를 사용하면 오일이 고르게 분사돼 편하고 사용량도 줄일 수 있어요.

1. 닭다리는 우유에 약 20~30분 재워 잡내를 제거하고, 키친타올로 꾹꾹 눌러 물기를 제거해요.

2. 닭다리에 소금과 후추를 살짝 뿌려 시즈닝해요.

3. 아몬드가루, 달걀, 다시 아몬드가루 순서로 꾹꾹 누르며 닭다리에 튀김옷을 입혀요.

4. 튀김옷을 입힌 닭다리에 오일을 뿌리고 에어프라이어에 180도 20분 구운 다음, 뒤집어서 10분 더 구워요. 이대로 먹어도 좋고, 마늘간장소스를 더한다면 5번 과정으로 가요.

5. 달군 웍에 기버터를 녹이고 다진 마늘을 넣어 향을 낸 후 간장, 꿀을 추가해 잘 섞어 소스를 만들어요. 완성된 아몬드치킨을 웍에 넣고 빠르게 뒤적이며 소스를 입혀요.

식사 대용 초간단
건강빵·간식

아이 입맛도 어른이랑 비슷해서 밥보다 빵이 당길 때가 있고, 간단하게 간식으로 주전부리하고 싶을 때가 있죠. 하지만 시중에 판매되는 첨가물 범벅의 빵이나 간식을 주고 싶진 않아요. 이럴 때 좋은 대안이 되는 건강빵·간식 레시피들입니다. 좋은 재료를 조합해 영양을 고루 갖추고 있으면서 식사 대용으로 손색없을 정도로 든든하기까지 해요. 맛도 있고 집어먹는 재미도 있어서 아이와 어른 모두에게 인기 만점이랍니다.

구아우니

잘 숙성된 아보카도가 있다면 고구마, 오트밀과 함께 쫀득하고 부드러운 구아우니를 만들어 보세요. 떡도, 빵도 아닌 중간 식감의 고소하고 달달한 간식이에요. 고구마와 아보카도 둘 다 식이섬유가 풍부해 변비 있는 아이에게 추천! 아보카도의 불포화 지방은 뇌 발달과 피부 건강에 좋고, 고구마와 오트밀은 꽤 든든한 에너지원이 되어준답니다.

재료

익힌 고구마 70g

아보카도 35g

달걀 노른자 1알

오트밀 20g

우유 10ml

완성

약 1~2회 분량

1 믹서기나 초퍼에 모든 재료를 넣고 갈아주세요.

2 전자레인지용 용기에 옮겨 담고 용기째로 바닥에 내리쳐서 반죽 내 기포를 빼고 평평하게 만든 다음, 전자레인지에 약 3분 돌려 익혀요.

3 한 김 식히고 틀에서 빼낸 후 아이가 먹기 좋은 크기로 잘라 접시에 담아요.

다른맘 TIP

- 조리 과정에서 남은 아보카도나 익힌 고구마를 토핑처럼 올려주세요.

닭안심버섯 에그머핀

닭안심은 지방이 비교적 적어 맛이 담백하면서도 가슴살보다는 부드러워 아이 요리에 활용하기 좋아요. 여기에 비타민, 식이섬유, 미네랄이 풍부한 버섯을 더해 탱글탱글한 식감을 살리고, 짭짤하고 고소한 치즈의 풍미를 입히면 입안에서 감칠맛이 폭발해요. 양질의 단백질이 듬뿍 들어있는 에그머핀으로 아침을 깨워보세요.

브로콜리수프와 곁들여도 좋아요!

닭안심 3덩이(약 100g)
버섯 40g
양파 40g
달걀 2개
우유 20ml
슬라이스치즈 1장
오일 조금

머핀틀(소) 10개
약 2회 분량

1 버섯과 양파를 작게 다지고, 닭안심은 힘줄 제거 후 작게 다져요. 흰색의 힘줄 부위에 포크를 찔러넣고 쭉 당기면, 질긴 힘줄을 제거할 수 있어요.

2 오일을 둘러 달군 팬에 버섯과 양파를 먼저 볶아 색이 변하면, 닭안심을 넣고 색이 불투명해질 때까지 약 1~2분 볶아요.

3 볼에 달걀을 풀고 우유를 추가해 잘 섞어주세요.

4 머핀틀(소)에 볶아둔 재료를 약 50%씩 채우고, 슬라이스치즈를 잘게 잘라서 올려요.

5 만들어둔 달걀물을 머핀틀 안의 재료가 적셔질 만큼만 골고루 나눠서 부어요. 에어프라이어에 넣고 170도 약 12~15분 구워요.

단호박요거트케이크

단호박, 달걀, 요거트, 치즈 단 4가지 재료로 만드는 초간단 케이크! 아이가 손으로 마음껏 부수고 만지고 맛보게 하는 '스매쉬(Smash)' 케이크로도 좋은 선택입니다. 부드럽고 촉촉해서 소화가 잘되는 것은 물론이고, 건강한 탄수화물과 단백질이 풍부해 든든하게 아침을 채울 수 있어요.

단호박 대신 고구마로 만들어도 좋아요!

재료

찐 단호박 100g

달걀 1개

그릭요거트 40g

슬라이스치즈 1/2장

물 30ml

완성

약 2회 분량

1. 단호박을 적당한 크기로 썰어 전자레인지용 찜기에 담고, 물 30ml를 부어 약 5분 돌려 익혀요. 단호박이 잘 익으면 물은 따라내 버려요.

2. 단호박이 뜨거울 때 슬라이스치즈를 먼저 넣어 잘 으깨며 섞어주고, 한 김 식으면 달걀, 그릭요거트를 추가해 잘 섞어 반죽을 만들어요.

3. 전자레인지용 용기에 반죽을 옮겨 담고, 용기를 바닥에 탕탕 내리쳐 반죽의 기포를 제거한 다음, 전자레인지에 약 3분 30초 돌려주세요. 반죽 두께에 따라 조리 시간을 가감해 주세요.

다른맘 TIP

- 토핑용 단호박을 따로 빼놓았다가 반죽 맨 위에 올려주면 더 예쁜 케이크가 완성돼요.
- 부드러운 요거트를 케이크 위에 뿌려 먹어도 잘 어울려요.

영양달걀빵

밀가루나 설탕 없이 달걀과 채소, 치즈 등을 재료로 구운 건강한 달걀빵이에요. 기존의 길거리 간식으로 사랑받았던 달콤하고 포슬포슬한 달걀빵 대신, 단백질과 채소가 중심이 되는 든든한 한입 간식으로 아침 대용으로도 손색없어요. 조리 과정은 간단하지만 맛과 영양만큼은 놓치지 않았답니다.

토핑용 채소는 냉장고 자투리 채소!

재료

달걀 4개

모차렐라치즈 20g

토핑용 채소(파프리카, 양파, 쪽파 등) 조금

오일 조금

베이킹틀

완성

약 2~4회 분량

1. 냉장고를 털어서 자투리 채소를 토핑용으로 준비해요. 알록달록 컬러가 다른 채소를 작은 입자로 다져주세요.

2. 베이킹틀에 오일을 꼼꼼하게 발라주세요.

3. 베이킹틀에 모차렐라치즈, 달걀, 토핑용 채소, 다시 모차렐라치즈 순서로 올려요.

4. 에어프라이어에 160도 약 15분 구워주세요.

다른맘 TIP

- 노른자가 온전히 살아있는 달걀빵이 맛있어요. 달걀을 휘저어 풀지 않고, 그대로 깨 넣으면 돼요.

고구마참깨쿠키

고구마는 식이섬유와 비타민, 건강한 탄수화물까지 품고 있어 아이 간식으로 자주 손이 가요. 하지만 줄곧 찐 고구마만 주었다면 엄마도 어딘가 아쉽고 아이도 지루하겠죠? 고소한 깨와 무염버터를 활용해 간단하게 굽는 쿠키 레시피입니다. 아몬드가루를 사용해 건강한 지방도 섭취하고, 아이 손에 묻어나지 않아 외출용 간식으로도 좋아요.

재료

찐 고구마 200g

무염버터 25g

아몬드가루 70g

쌀가루 20g

참깨·검은깨 각 10g씩

완성

약 3~5회 분량

 **다른맘 TIP**

- 반죽을 완성한 후 굽기 전에 밀폐 용기 또는 지퍼백에 넣고, 냉장고에서 30분 이상 휴지하면 더 맛있는 쿠키가 돼요. 하지만 시간이 부족하다면 생략 가능합니다.

1. 고구마를 푹 찐 후 볼에 담아 으깨고 무염버터, 아몬드가루, 쌀가루를 넣어 잘 섞어요.

2. 참깨, 검은깨를 추가하고 잘 섞어 반죽해요.

3. 반죽을 종이호일 위에 올리고 밀대로 납작하고 평평하게 밀어주세요. 두께 5mm 내외가 적당해요.

4. 원하는 쿠키 모양으로 잘라주세요. 저는 네모난 모양으로 자른 후 포크로 콕콕 찍었어요.

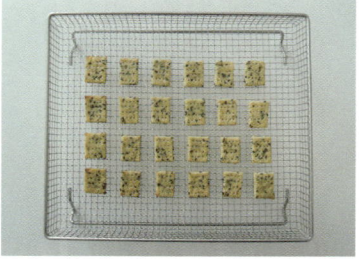

5. 에어프라이어에 160도 약 8분 구워요. 에어프라이어 출력에 따라 시간이 다를 수 있으니 중간중간 확인해요.

바나나타르트

첨가당 없이 바나나의 자연스러운 단맛을 이용해 타르트를 만들어요. 본래 타르트는 밀가루와 설탕, 버터를 섞은 반죽으로 페스트리를 만들고 과일, 채소, 달걀이나 견과류 등의 속을 채운 프랑스식 파이예요. 하지만 잘 익은 바나나 자체가 풍성한 단맛을 내서 설탕이나 시럽을 전혀 사용하지 않고도 충분히 맛이 나요. 또 밀가루 대신 오트밀을 활용해 건강한 에너지원이 되어준답니다.

재료

타르트 :
잘 익은 바나나 60g
오트밀가루 30~50g
버터 3g

필링 :
잘 익은 바나나 30g
달걀 노른자 1알
우유 20ml

완성

타르트(소) 10개
약 1~2회 분량

다른맘 TIP

• 타르트 반죽을 만들 때 오트밀 가루를 한꺼번에 붓지 말고, 반죽 질감을 확인하면서 조금씩 추가해요. 손에 찐득하게 달라 붙지 않을 정도면 돼요.

1 빈 볼에 타르트용 바나나 (60g)를 포크로 으깨고, 오트밀가루와 버터를 잘 섞어요.

2 다른 볼에 필링용 바나나 (30g)를 포크로 으깨고, 달걀 노른자와 우유를 잘 섞어요.

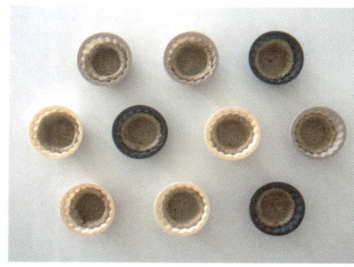

3 타르트용 반죽을 떼서 머핀 틀에 나눠 담고, 가운데를 움푹 파서 타르트 모양을 만들어요.

4 위에 필링용 반죽을 부어서 가운데를 채워요.

5 에어프라이어에 180도 약 10분 구워요. 이쑤시개로 필링을 찔렀을 때, 반죽이 묻어나온다면 추가 조리해 주세요.

밤사과소보로빵

밤은 탄수화물, 단백질, 비타민, 미네랄, 식이섬유 등 다양한 영양소를 함유해 완전식품에 가까워요. 포실포실 고소한 밤과 새콤달콤한 사과가 만난 건강빵으로 아이의 입맛을 돋워보세요. 아몬드가루에 밤을 더한 소보로까지 만들어 살포시 얹으면 식감이 다채롭고 맛도 두 배랍니다.

고소한 밤 소보로가 소복하게!

재료

빵 :

찐 밤 40g

사과 40g

달걀 1개

아몬드가루 20g

오트밀가루 20g

(선택 : 시나몬가루 조금)

소보로 :

찐 밤 10g

아몬드가루 5g

우유 10ml

완성

머핀틀(소) 9개

약 1~2회 분량

다른맘 TIP

- 에어프라이어마다 출력이 달라 조리시간이 다를 수 있어요. 중간중간 구움 상태를 확인해 주세요.

---

1. 믹서기 또는 초퍼에 빵용 찐 밤(40g)과 사과, 달걀을 넣고 갈아주세요.

2. 빵용 반죽에 아몬드가루(20g), 오트밀가루, 시나몬가루(선택)를 모두 넣고 함께 섞어요.

3. 빈 볼에 소보로용 찐 밤(10g)을 으깨고 아몬드가루(5g), 우유를 추가한 다음, 작은 덩어리가 되도록 포크로 살살 섞어주세요.

4. 머핀틀에 빵 반죽을 70% 이하로 담고, 그 위에 고명처럼 소보로를 얹어주세요.

5. 에어프라이어에 170도 약 10분 구워주세요.

병아리콩 브라우니

고단백, 고식이섬유 식품인 병아리콩으로 혈당 부담 덜어내는 똑똑한 디저트를 만들어보아요. 묵직하면서도 부드러운 밀도감 있는 식감에 고소한 단맛이 자연스럽게 느껴지는 브라우니예요. 땅콩버터 덕분에 건강한 지방도 챙기고, 고소한 맛도 배가돼요. 혹시 단맛이 더 필요하다면 알룰로스로 조절해 보세요.

재료

삶은 병아리콩 130g

땅콩버터 50g

우유 60ml

오트밀 20g

오일 조금

(선택 : 알룰로스 1T, 베이킹파우더 2꼬집)

완성

약 2~3회 분량

다른맘 TIP

- 삶아져 나오는 병아리콩 제품을 사용하면 좀 더 편리해요.
- 빵을 구울 때 되도록 베이킹파우더를 사용하지 않으려고 하는데요. 병아리콩 브라우니는 꾸덕하고 밀도감 있는 제형이라 혹시 좀 더 부드러운 식감을 원할 경우 베이킹파우더를 2꼬집만 넣어주세요.

1 하룻밤 불린 병아리콩을 끓는 물에 30분 이상 푹 삶고 체에 밭쳐 물기를 빼주세요.

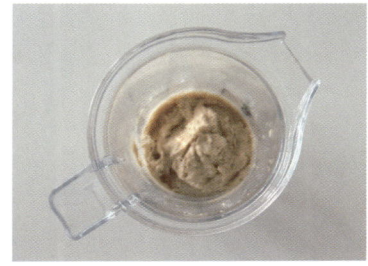

2 재료를 모두 믹서기에 넣고 곱게 갈아주세요. 마력이 낮은 믹서기를 사용할 경우 오트밀은 따로 간 다음에 반죽에 섞으면 수월해요.

3 에어프라이어 가능한 용기에 오일을 발라준 다음, 반죽을 꾹꾹 눌러 담고 에어프라이어에 170도 약 15분 구워주세요.

4 아이가 먹기 좋은 크기로 잘라 제공해요.

땅콩그릭샌드

땅콩과 아몬드, 요거트의 조합은 그야말로 고소하고 상큼한 맛의 극치! 성장하는 아이에게 꼭 필요한 에너지와 단백질, 지방의 공급에도 더할 나위 없어요. 밀가루 없이도 부드러운 식감과 고소한 맛을 낼 수 있는 훌륭한 고단백·저당 간식이랍니다. 고소한 쿠키 사이에 상큼한 그릭요거트를 샌드하면 식감과 맛의 대비가 재미있고 영양 밸런스도 좋아요.

재료

아몬드가루 100g

땅콩버터 60g

알룰로스 10ml

우유(또는 물) 10~20ml

그릭요거트 조금

완성

미니 샌드 8개

약 1~2회 분량

1 볼에 아몬드가루, 땅콩버터, 알룰로스를 넣고 잘 섞어주세요.

2 반죽이 하나로 잘 뭉쳐질 수 있도록 우유 또는 물을 조금씩 추가하며 반죽해요. 꾸덕한 반죽이 되도록 양을 가감해요.

3 요 정도의 제형이면 됩니다. 반죽을 적당한 크기로 나누어 작고 동글납작한 모양으로 만들어주세요.

4 에어프라이어용 용기에 옮겨 담아 샌드 모양을 좀 더 다듬고, 에어프라이어에 170도 약 10분 구워주세요.

5 한 김 식힌 다음, 쿠키 사이에 그릭요거트를 넣어 샌드해 주세요.

두부감자떡

부드럽고 쫀득한 식감이 매력적인 두부감자떡. 최소한의 재료, 간편한 레시피로 완성한 건강 간식이에요. 물론 아이도 너무 잘 먹지만, 어른도 좋아할 맛으로 차 한 잔에 곁들일 디저트로도 잘 어울려요.

재료

감자 2개
두부 50g
전분가루 20g
물 30ml
오일 조금
(선택 : 슬라이스치즈, 소금 조금)

완성

약 10개, 1~2회 분량

1. 감자는 껍질을 벗기고 듬성듬성 썰어 두부, 물과 함께 전자레인지용 용기에 담아 약 3분 전자레인지에 돌려 익혀요.

2. 남은 물은 따라 버리고, 감자와 두부가 뜨거울 때 포크나 매셔로 으깨주세요.

3. 으깬 감자와 두부에 전분가루를 넣고 잘 섞어 반죽해요. 재료가 식어가며 찰기가 생겨요.

4. 반죽을 약 25g씩 떼어 동그란 모양으로 만들어주세요.

5. 치즈를 추가할 경우, 반죽 속에 작게 자른 치즈를 넣고 동글납작하게 만들어요.

- 간을 하는 아이라면 3번 과정에서 소금을 약간 추가해도 좋아요.

6. 달군 팬에 오일을 두르고 중약불로 약 2~3분간 앞뒤로 노릇하게 구워주세요.

당생이볼

매생이를 국으로만 주기 아쉬워서 핑거푸드로 만들어봤는데, 다른이가 정말 좋아하는 간식이 되었어요. 깨끗하게 잘 세척된 매생이 제품을 고르면 비린내 없이 녹차 향과 비슷한 은은한 해조류 향이 나요. 아이 성장에 좋은 칼슘, 식이섬유, 비타민까지 챙긴 한입 크기의 핑거푸드로 아이가 편하게 집어먹기도 정말 좋아요.

> 미끄덩한 매생이 식감을 싫어하는 아이도 잘 먹어요!

재료

당근 60g
슬라이스치즈 1장
건조 매생이 1g
오트밀 10g
물 30ml

완성

미니볼 약 7~8개
약 1회 분량

1 전자레인지용 용기에 잘게 다진 당근과 물을 넣고, 전자레인지에 약 3분 돌려 푹 익혀요.

2 당근이 익으면 남은 물을 따라 버리고, 슬라이스치즈, 오트밀, 건조 매생이를 넣고 잘 섞어 반죽해요. 건조 매생이는 봉지 안에서 잘게 부숴서 넣어주세요.

3 반죽을 떼어 작은 크기로 나누고 동글동글 볼 형태로 만들어 에어프라이어에 160도 약 15분 구워요.

다른맘 TIP

- 에어프라이어에 구운 직후에는 말랑할 수 있어요. 충분히 식으면 아이가 먹기 좋을 만큼 형태가 잡히고 단단해져요.

바나카도 오트밀머핀

진한 달콤함의 바나나, 고소하고 크리미한 아보카도, 그리고 촉촉함을 더해주는 달걀. 이 3가지 재료로 만든 머핀은 어느 것 하나 겉돌지 않고 자연스레 어우러지며 건강한 달콤함을 선사해요. 간식은 물론 아침 대용으로도 딱 좋은 부드러운 머핀. 아이도 어른도 기분 좋게 즐길 수 있는 영양 가득한 빵이에요.

남은 바나나와 아보카도를 으깨서 머핀 위에 무스처럼 올려요!

재료

바나나 1/2개 (약 60g)
아보카도 1/4개 (약 30g)
달걀 1개
오트밀 25g
물 10ml

완성

머핀틀(중) 4개 분량
약 1회 분량

1. 바나나와 아보카도를 볼에 넣어 잘 으깨주세요.

2. 달걀, 오트밀, 물을 추가해 잘 섞어 반죽해요.

3. 머핀틀에 반죽을 50%만 채운 다음, 머핀틀을 잡고 바닥에 탕탕 내리쳐서 반죽의 기포를 빼주세요.

4. 에어프라이어에 170도 약 15분 구워주세요. 중간중간 구움 정도를 살피고, 이쑤시개로 머핀 중심을 찔렀을 때 반죽이 묻어나오는지 확인해요. 잘 익었다면 묻어나오지 않아요.

다른맘 TIP

- 에어프라이어 대신 전자레인지에 약 2분 ~ 2분 30초 돌리면 폭신한 식감의 빵이 완성돼요.

멸치즈팝

세상 간단한데 짭짤하고 바삭해서 자꾸만 손이 가요. 오직 멸치와 치즈, 단 2가지 재료로 만든 가성비 최고의 건강 간식이에요. 멸치의 감칠맛과 치즈의 고소함, 거기에 바삭바삭 잘근잘근 씹는 맛이 더해져 아이 주려고 만들었다가 자꾸만 어른도 집어먹게 돼요. 식사 대용이라기보다는 간편한 간식으로 뚝딱 해 먹기 좋아요.

칼슘 폭발!

재료

잔멸치 5g
슬라이스치즈 2장

완성

약 1~2회 분량

1 잔멸치를 칼로 잘게 다져요.

2 슬라이스치즈 1장을 칼로 잘라 9등분 하고, 종이호일 위에 2cm 간격을 띄우고 놓아주세요.

3 치즈 위에 다진 멸치를 나눠서 올리고 꾹꾹 눌러 치즈 표면을 파고들게 해요.

4 종이호일 그대로 들어 전자레인지로 옮기고 총 2분 정도 돌려주세요. 치즈가 부풀고 겉이 바삭하게 되면 완성입니다.

다른맘 TIP

- 전자레인지 출력과 치즈의 양, 크기에 따라 조리시간이 달라져요. 전자레인지 안에서 수시로 치즈의 상태를 확인하면서 20~30초씩 끊어 돌리는 게 안전해요.

사과당근카스테라

사과와 당근은 궁합이 유독 좋아서 주스나 여러 요리에도 많이 활용해요. 이 2가지만으로 비타민과 식이섬유는 충분하니 단백질 풍부한 달걀과 불포화 지방산이 넉넉한 땅콩버터를 더해, 폭신폭신 건강한 단맛의 카스테라를 만들었어요. 전자레인지로 5분 안에 완성되는 초간단 레시피로 만들기 너무 쉽고 외출용 도시락에 싸기도 좋습니다.

재료

사과 30g
당근 60g
달걀 2개
땅콩버터 10g

 완성

작은 빵 8개
약 1~2회 분량

1 사과랑 당근은 껍질을 깎고 적당한 크기로 잘라요.

2 믹서기에 모든 재료를 넣고 곱게 갈아주세요.

3 칸이 나누어진 전자레인지용 용기에 반죽을 붓고 용기를 바닥에 탕탕 쳐서 기포를 빼주세요.

4 전자레인지에 약 2분 30초~4분 돌리고 한 김 식힌 다음 틀에서 빼주세요.

다른맘 TIP
- 전자레인지 조리시간은 용기 틀의 크기에 따라 가감해 주세요.

시금치고구마 치즈호떡

고구마와 시금치, 오트밀 단 3가지 재료로 반죽해 작고 귀여운 호떡 형태로 구워낸 간식이에요. 자연스럽게 우러나는 단맛과 쫀쫀한 식감으로 아이의 입맛을 사로잡아 순식간에 싹 해치운 메뉴예요. 고구마와 오트밀의 건강한 탄수화물과 식이섬유, 시금치의 철분, 칼슘, 비타민 A·C·K, 엽산까지 온전히 섭취하는 똑똑한 레시피랍니다.

재료

찐 고구마 120g

시금치 20g

오트밀가루 15g

오일 조금

(선택 : 슬라이스치즈 1장)

완성

미니 호떡 6개

약 1회 분량

1. 고구마는 푹 찌고, 시금치는 데쳐서 물기를 짜낸 후 잘게 다져요.

2. 찐 고구마를 볼에 담아 으깨고, 다진 시금치와 오트밀가루를 넣어 잘 섞어 반죽해요.

3. 반죽을 6등분 한 후, 작고 동글납작한 모양으로 만들어요. 이때 호떡 속에 슬라이스치즈를 잘라 넣어줘도 좋아요.

4. 달군 팬에 오일을 두르고, 중약불로 앞뒤 노릇하게 약 3~4분 구워주세요.

다른맘 TIP

- 수분이 많은 고구마일 경우, 질퍽한 반죽이 될 수 있어요. 고구마의 상태에 따라 오트밀가루의 양을 가감해 주세요.

- 시금치고구마 치즈호떡에 삶은 달걀을 추가하면 한 끼 식사로 딱 좋아요.

양배추콘치즈빵

아이들이 좋아할 수밖에 없는 콘치즈에 식이섬유, 비타민이 풍부한 양배추를 더했어요. 양배추, 양파가 내는 조화로운 천연의 단맛에 알알이 색다르게 씹히는 옥수수의 식감까지! 단맛이 부족하다면 알룰로스를 1작은술만 추가해도 좋지만, 지금 이대로도 맛있고 든든한 영양 간식이 됩니다.

재료

옥수수콘 60g

양배추 20g

양파 20g

달걀 1개

아몬드가루 25g

우유 20ml

슬라이스치즈 1 + 1/2장

(선택 : 알룰로스 1t)

 완성

머핀틀(소) 10~11개

약 2회 분량

다른맘 TIP

• 옥수수 통조림은 원재료가 단순한 제품, 무가당·저염 제품을 고르는 것이 좋아요. 저는 캔보다 파우치나 유리병에 담긴 유기농 제품을 선호하는 편이에요. 맛과 영양 등에서 나은 경우가 더 많고, 특히 유리병 제품은 개봉 이후에 보관할 때 좀 더 편리하답니다.

1 옥수수콘은 체에 밭친 후 뜨거운 물을 부어 남아 있는 첨가물을 흘려보내고 물기를 빼요.

2 옥수수콘 분량의 절반(30g)과 나머지 재료(양배추, 양파, 달걀, 아몬드가루, 우유, 치즈)를 모두 초퍼에 담고 짧게 끊어가며 다져주세요.

3 남겨놓은 옥수수콘의 절반(30g)을 그대로 반죽에 넣어요.

4 머핀틀(소)에 반죽을 약 70%씩 채워 담고 에어프라이어에 170도 약 15분 구워주세요.

당근케이크맛 쫀득볼

당근과 바나나의 달콤함에 시나몬의 은은한 향이 더해져 당근케이크와 똑 닮은 맛이 나요. 설탕이나 밀가루를 넣지 않고 전자레인지로 단 1~2분 조리하는데, 여느 카페 부럽지 않은 맛을 낼 수 있다니요. 작은 미니볼로 만들어 아이가 집어먹기 좋게 하면, 오늘의 초간단 아침 메뉴도 성공입니다.

토핑 가루를 다양하게 사용해 보세요!

재료

당근 30g

바나나 30g

오트밀가루 30g

우유 10ml

시나몬가루 조금

(선택 : 햄프씨드, 코코넛가루 등 토핑)

 완성

미니볼 10~11개

약 1~2회 분량

1. 당근은 아주 고운 채칼로 썰거나 다지고, 바나나도 분량만큼 준비해요.

2. 전자레인지용 용기에 바나나를 넣어 잘 으깨고, 당근과 오트밀가루, 우유, 시나몬가루를 모두 넣고 잘 섞어요.

3. 하나의 덩어리로 반죽을 만들고 뚜껑 덮은 다음 전자레인지에 약 1~2분 돌려요.

4. 반죽을 떼어 동그란 공 모양으로 만들고 햄프씨드, 코코넛가루 등 가능한 토핑용 가루를 골고루 묻혀요.

자유자재
만능 소스·토핑

미리 만들어 보관해 두면 자유자재로 활용하기 좋은 만능 소스와 토핑을 소개합니다. 스틱형 채소구이, 신선한 샐러드에 맛있는 소스 하나만 곁들여도 아이의 손과 입이 멈추질 않아요. 버섯페이스트나 라구베이스를 활용하면 수프, 파스타, 리소토 등을 만들기 정말 쉽고 편해져요. 만능소고기볶음은 주먹밥, 짜장밥, 달걀말이, 덮밥 등 활용도가 무궁무진하고, 만능양파볶음은 풍미가 응축된 잼이나 카레로 순식간에 변신해요. 아이 요리가 쉬워지는 비법이랍니다.

버섯페이스트

버섯과 양파를 충분히 볶아 감칠맛을 끌어올린 뒤, 부드럽게 갈아 만든 페이스트예요. 다른맘의 인기 레시피 중 하나로, 한가득 만들어 냉동해 두었다가 급할 때 꺼내 활용하기 좋아요. 치즈와 함께 밥에 비벼주거나 우유나 두유를 추가해 파스타, 리소토 소스로 활용해도 돼요. 밥태기 아이도 숟가락을 멈추지 않고 잘 먹는다는 후기가 많으니 꼭 한번 따라 해보세요.

입맛 없는 날에도 쓱쓱,
완밥을 부르는 감칠맛!

재료

버섯 총 300g(종류 무관)

양파 150g

오일 1t

완성

약 4~6회 분량

- 냉동한 버섯페이스트는 약 2~3주 이내에 소진해요.
- 버섯을 손질할 때 물로 씻으면 향이 날아가고 영양분이 손실될 수 있으므로 젖은 키친타올로 닦아내거나 살짝 털어내고 사용해요.
- 소스처럼 찍어 먹거나 얹어 먹어도 되고, 우유나 치즈를 추가해 버섯크림수프나 버섯크림파스타 소스로 활용할 수도 있어요.

1 양파는 얇게 채 썰고, 버섯도 적당한 크기로 썰어요. 냉장고에 있는 표고버섯, 새송이버섯, 팽이버섯 등을 사용했어요.

2 달군 팬에 오일을 두르고 중불로 양파를 약 3분 충분히 볶아요. 만약 탈 것 같다면 물을 약간 추가해도 돼요.

3 양파가 투명한 색으로 변하면, 버섯을 추가하고 중간중간 뒤적이며 약 5~7분 충분히 볶아요.

4 양파와 버섯이 푹 익으면 믹서기에 넣고 곱게 갈아요.

5 큐브 틀에 소분해 냉동하고 필요할 때마다 꺼내서 다양한 요리에 활용해요.

PART 6. 자유자재 만능 소스·토핑

아보에그소스 (& 기버터 당근구이)

'고소함의 끝판왕'인 아보에그소스를 만들어두면 마요네즈 대신 활용하기 좋아요. 단백질과 지방이 부족한 채소 등을 먹을 때 달걀, 아보카도, 그릭요거트, 올리브오일로 만든 이 소스는 맛과 영양을 보완해 준답니다. 다른이가 좋아하는 스틱형 당근구이, 비트구이에 아보에그소스를 찍어 먹으면 맛도 좋고 영양 밸런스를 맞추기도 좋아요.

고소한 소스가 필요할 때!

재료

달걀 2개

아보카도 1개

그릭요거트 2T

올리브오일 1T

(선택 : 당근 1/2개, 비트 1/2개, 기버터 3t)

완성

약 3~4회 분량

1 달걀을 10분 이상 완숙으로 삶은 후, 모든 재료를 믹서에 넣고 곱게 갈면 아보에그소스 완성입니다.

2 당근과 비트는 어른 손가락 두께로 썰고, 기버터를 골고루 묻혀 에어프라이어에 170도 15분, 뒤집어서 약 5분 구워요. 구운 채소스틱을 아보에그소스에 찍어 먹어요.

다른맘 TIP

- 아보에그소스는 냉장 보관하고 3일 이내에 소진해요.

땅콩소스

단백질과 불포화 지방이 풍부한 땅콩은 성장기 아이에게 든든한 에너지를 채워주죠. 하지만 첨가물이 함유된 땅콩소스가 부담스러웠다면, 무첨가 땅콩버터에 간단한 재료만 더해 건강하고 고소한 소스를 만들어요. 두부구이에 뿌리면 담백함과 고소함이 배가되고, 신선한 채소 스틱이나 나물무침, 샐러드에 곁들여도 좋아요. 삶은 소면에 얹어 비벼 먹어도 잘 어울려요.

재료

무첨가 땅콩버터 1T
간장 1/2T
레몬즙 1/2T
물 1~2T

완성

약 3회 분량

1 모든 재료를 넣고 잘 섞어 주세요.

2 구운 두부 등의 음식에 뿌려 먹으면 잘 어울려요.

다른맘 TIP

- 땅콩버터는 첨가물 없는 땅콩 100% 제품을 선택하세요.
- 물의 양은 원하는 소스 농도에 따라 가감해 주세요.

요거트참깨소스

고소한 참깨와 부드러운 요거트가 어우러진 요거트참깨소스는 신선한 재료의 맛을 한층 살려줘요. 간장과 레몬즙으로 감칠맛과 산뜻함을 더해 채소와 잘 어울리고, 은은한 단맛 덕에 잘 먹지 않던 음식도 자연스럽게 한입 더 먹게 될 거예요. 오이무침, 브로콜리토마토달걀샐러드 등 다양한 요리에 곁들여 보세요.

재료

무가당 요거트 3T
통깨 2T(약 15g)
간장 1/2t
알룰로스 1/2~1T
레몬즙 1/2t

완성

약 4회 분량

1 통깨를 곱게 갈아주세요.

2 모든 재료를 잘 섞어주세요.

3 삶은 달걀과 브로콜리, 토마토로 만든 샐러드에 뿌려 먹으면 잘 어울려요.

다른맘 TIP

- 단맛은 취향에 따라 알룰로스로 조절해 주세요.
- 오이를 소금에 잠시 절였다가 꼭 짠 후에 요거트참깨소스를 뿌리면 간단하고 맛있는 아이 반찬이 됩니다.

라구베이스
(화이트라구소스・토마토라구소스)

이탈리아 미트소스인 라구소스는 다진 고기와 야채, 토마토 등을 넣어 푹 끓여 만들어요. 육즙과 채수가 어우러진 소스를 파스타와 리소토, 라자냐 등 이탈리아 요리를 비롯해 여러 퓨전식에도 활용할 수 있죠. 라구베이스를 먼저 만들어 소분・냉동해 두고, 먹기 직전에 생크림을 넣어 화이트라구소스, 토마토를 넣어 토마토라구소스를 만들면 훨씬 맛있고 요리도 효율적이랍니다.

재료

소고기 다짐육 200g
돼지고기 다짐육 200g
양파 100g
샐러리(또는 당근, 애호박, 브로콜리줄기) 30g
다진 마늘 1t
닭육수(또는 물) 100ml
올리브오일 1T
소금 1~2꼬집

토마토라구소스 : 토마토소스
화이트라구소스 : 생크림

완성

약 8~10회 분량

다른맘 TIP

- 냉동한 '라구베이스'는 2~3주 이내에 소진해요.
- 완성된 화이트라구소스에 파스타면만 추가하면 근사한 한 끼가 돼요.

1 양파와 샐러리(또는 다른 채소)를 작게 다지고, 다진 마늘을 준비해요.

2 달군 팬에 오일을 두르고 다진 마늘과 양파, 샐러리를 넣고 중약불에 약 2분 볶아요.

3 양파가 투명해지면 소고기 다짐육과 돼지고기 다짐육, 소금을 넣고 약 2~3분 더 볶아요.

4 수분이 없어지면 닭육수(또는 물)를 추가하고 중약불에 국물이 자작해질 때까지 약 7~10분 졸여요. '라구베이스' 완성입니다. 1회 먹을 만큼씩 소분해 냉동해요.

5 라구베이스를 1회 먹을 만큼 해동해 라구베이스가 잠길 만큼 생크림 혹은 토마토소스를 붓고 강불에 끓으면 중약불로 낮춰 2분 끓여요.

고구마후무스

후무스는 병아리콩, 깨, 올리브유, 레몬즙, 마늘 등으로 만든 중동식 딥이에요. 식물성 단백질과 식이섬유, 건강한 지방이 풍부하죠. 후무스에 찐 고구마를 더해주면, 병아리콩의 고소함에 고구마의 자연스러운 단맛이 잘 어우러져요. 빵이나 채소 스틱을 찍어 먹기도 하고, 샐러드 드레싱으로 활용하기도 해요. 샌드위치 소스로도 훌륭해요.

재료

병아리콩 50g

찐 고구마 100g

통깨 1T

올리브오일 1T

레몬즙 1t

병아리콩 삶은 물 2T

(선택 : 소금 1/4t)

완성

약 1~2회 분량

1 병아리콩은 하룻밤 충분히 불리고, 끓는 물에 30분 이상 푹 삶아 익힌 다음, 체에 밭쳐 물기를 빼요.

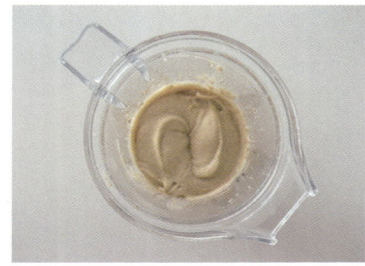

2 믹서기에 통깨, 올리브오일, 레몬즙, 병아리콩 삶은 물을 먼저 갈아낸 후, 삶은 병아리콩과 찐 고구마를 추가해 모두 곱게 갈아주세요.

다른맘 TIP

- 삶은 병아리콩 완제품을 사용하면 간편해요. 삶은 병아리콩 완제품은 100g 사용하면 돼요.
- 단맛을 더하고 싶다면 고구마 양을 늘려도 좋아요.
- 냉장 보관하고 5일 이내에 소진해요.

어린이 토마토케첩

아이가 유아식을 시작하면서 다양한 종류의 소스를 하나씩 접하게 되는데요. 시판 소스에 함유돼 있는 과량의 설탕, 소금을 비롯해 각종 인공 첨가물이 걱정된다면 무염, 무설탕의 엄마표 수제 토마토케첩은 어떨까요? 만들어 두었다가 볶음밥, 함박스테이크를 비롯해 각종 달걀 요리 등에 곁들여 먹기 좋아요.

재료

토마토 2개(중 사이즈)

사과 1/2개

양파 20g

레몬즙 1/2t

전분물(전분가루 2t, 물 4t)

(선택 : 알룰로스 조금)

완성

총 150ml 분량

1. 토마토는 꼭지를 제거하고 아래쪽에 열십자(+)로 칼집을 낸 다음, 끓는 물에 1분 데치고 껍질을 제거해요.

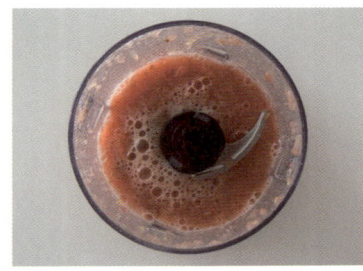

2. 껍질을 제거한 토마토와 사과, 양파, 레몬즙을 믹서기에 넣고 곱게 갈아주세요.

3. 갈아낸 재료를 체망에 밭쳐 건더기를 거르고 숟가락으로 꾹꾹 눌러 국물을 내려요.

4. 곱게 거른 국물을 냄비로 옮겨 붓고, 강불에 놓고 끓어오르면 중불로 낮춰 5분 끓여요. 맛을 보고 토마토 신맛이 강하다면, 알룰로스를 소량 추가해요.

5. 약불로 낮추고 전분물을 조금씩 추가하며 잘 저어 농도를 맞춰요. 원하는 케첩 농도가 되면 불을 꺼요.

다른맘 TIP

- 한 김 식힌 후 용기에 담아 냉장 보관해요. 냉장 보관은 7~10일 이내, 냉동 보관은 1개월 이내에 소진해 주세요.

만능간장

아이 입맛이 뚝 떨어졌을 때, 엄마표 만능간장 하나로 따뜻한 집밥의 힘이 되살아나요. 밥에 달걀프라이, 여기에 딱 이 간장만 넣고 비벼 먹어도 맛있는 한 끼 뚝딱입니다. 인공 조미료 없이도 감칠맛이 훌륭해서 아이 반찬부터 어른 요리까지 두루 활용할 수 있어요. 장조림 등의 각종 조림 요리나 불고기 재울 때 등 다양하게 활용하세요.

재료

한식간장 200ml

무 100g

사과 1/4개

양파 1/4개

대파(흰 부분) 1대

표고버섯 1개

다시마(아이 손바닥만 한 크기) 1조각

물 500ml

(선택 : 레몬 슬라이스 3개 또는 레몬즙 1t)

 완성

약 400ml

다른맘 TIP

- 레몬은 표고버섯과 다시마 특유의 향을 산뜻하게 정리하고, 산미 덕분에 간장의 짠맛과 채수의 단맛, 감칠맛이 균형 있게 어우러지도록 도와요. 또 약한 산성 덕분에 보관을 조금 더 오래 할 수 있어요.

1 무, 양파, 대파, 사과, 레몬을 적당한 크기로 썰고, 표고버섯도 준비해요. 사과와 레몬은 껍질째 조리하므로 베이킹소다를 푼 물에 2~3분 담갔다가 세척 후 사용해요.

 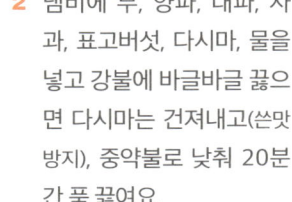

2 냄비에 무, 양파, 대파, 사과, 표고버섯, 다시마, 물을 넣고 강불에 바글바글 끓으면 다시마는 건져내고(쓴맛 방지), 중약불로 낮춰 20분간 푹 끓여요.

3 간장을 추가한 후 끓어오르면 바로 불을 끄고 슬라이스 레몬을 넣어요.

4 한 김 식으면 체에 걸러 건더기는 빼주세요.

5 깨끗한 병에 담아 냉장 보관하고, 2주 이내에 사용해요.

만능양파볶음

양파는 볶을수록 매운맛이 사라지고 수분이 날아가면서 특유의 감칠맛과 은은한 달콤함이 남아요. 시간을 들여 캐러멜라이징 하면 풍미가 응축되고 깊은 맛이 더해지며 그야말로 '엄마표 매직 토핑'이 만들어져요. 구운 빵 위에 잼처럼 올려 먹거나 카레가루에 물만 섞어 양파카레를 만들어도 좋아요. 다양하게 두루 곁들이며 건강한 식탁을 완성할 수 있답니다.

재료

양파 500g (중 사이즈 2개)

기버터 1T

(선택 : 발사믹식초 1t, 소금, 생강 가루 조금)

완성

약 300ml

 다른맘 TIP

- 양파가 타지 않고 캐러멜라이징이 될 때까지, 즉 갈색빛을 띠며 깊은 단맛이 날 때까지 계속 저어가며 볶는 게 포인트!
- 만약 롤팬과 같이 자동으로 계속 저어주는 조리기구가 있으면 더 수월하게 만들 수 있어요.
- 냉장 보관 시 5일 이내, 냉동 보관 시 1회 분량씩 소분해 1개월 이내에 소진해요.
- 카레가루와 물만 추가해 깊은 단맛의 양파카레를 완성할 수 있어요.

1 양파는 결 반대 방향으로 약 0.5cm 두께로 채 썰어 주세요.

2 냄비에 기버터를 녹이고 채 썬 양파를 중불에 약 4~5분 볶아요. 간이 필요하다면 소금을 살짝 뿌린 후 뚜껑 닫고 약불에 15분간 조리해요. 중간중간 타지 않게 저어주세요.

3 풍미를 높여줄 발사믹식초, 생강가루(선택)를 넣고 잘 섞은 다음, 뚜껑 닫고 약불에 15분간 더 익혀요.

4 한 김 식으면 믹서에 갈거나, 혹은 그대로 보관 가능한 용기에 덜어 냉장 혹은 냉동 보관했다가 단맛이 필요한 요리에 사용해요.

만능소고기볶음

밥 위에 올려 덮밥으로, 국수에 얹는 토핑으로, 김밥이나 주먹밥의 속재료로, 여러 요리에 활용할 수 있는 다재다능 만능소고기볶음! 간이 세지 않아 부드럽고 담백한데, 소고기의 단백질과 채소의 영양까지 고루 챙길 수 있어요. 한 번 만들어두면 일주일이 든든해요.

단백질, 철분 폭탄!
다재다능 요리 토핑!

재료

소고기 다짐육 250g

각종 채소(양파, 당근, 애호박 등) 150g

다진 마늘 10g

대파 20g

채수(또는 물) 50ml

오일 1t

완성

약 5~8회 분량

다른맘 TIP

- 주먹밥, 김밥, 짜장밥, 달걀말이, 덮밥, 국수 고명 등 다양하게 활용해요.

1 마늘과 대파, 각종 채소를 작은 입자로 썰어요.

2 소고기는 키친타올로 꾹꾹 눌러 핏물을 제거해요.

3 달군 팬에 오일을 두르고 먼저 다진 대파를 중약불에 약 1분 볶아주세요.

4 파 향이 올라오면 소고기 다짐육과 다진 마늘을 넣고, 소고기 핏기가 사라질 때까지 중약불에 1~2분 볶다가, 채소를 마저 넣고 5분 이상 볶아요. 탈 것 같을 때 채수나 물을 조금씩 부어요.

5 냉장, 냉동 가능한 큐브에 소분해 담아요. 3일 이내 먹을 양은 냉장 보관하고, 나머지는 냉동하여 2~3주 이내에 소진해요.

PART 6. 자유자재 만능 소스·토핑

INDEX
찾아보기 (주재료별)

가지
라따뚜이순두부 샥슈카 52
소고기가지 토마토범벅 78
가지소고기밥 114
데리야키 가지두부덮밥 130
가지크림수프 150
가지크림 파스타 & 라자냐 198

감자
감자새우랑땡 96
가지크림수프 150
치킨누들수프 158
닭고기채소 프리타타 170
포테이토 퀘사디아 176
연어해시브라운 184
닭다리살 감자전 196
두부감자떡 222

고구마
구아우니 204
고구마참깨쿠키 212
시금치고구마 치즈호떡 232
고구마후무스 250

그릭요거트
베지오트바 56
달당샐러드 174
요거트촉촉 닭다리구이 182
양배추당근 코울슬로 194
단호박요거트케이크 208
땅콩그릭샌드 220
아보에그소스(&기버터 당근구이) 242

김
양배추명란 삼각김밥 64
초간단 김밥전 80
양배추김덮밥 134

단호박
단호박당근 에그슬럿 98
단호박피자슬럿 104
단호박미트파이 178
단호박요거트케이크 208

달걀
라따뚜이순두부 샥슈카 52
흰살생선 달걀밥찜 54
콜리플라워와플 58
애호박크레페 76
아보크림리소토 86
브로콜리치즈프리터 92
단호박당근 에그슬럿 98
사과당근프리터 100
카레두부채소전 102
단호박피자슬럿 104
구운두부 달걀덮밥 110
낫토오이볶음밥 112
미역달걀덮밥 120
보들달걀새우덮밥 128
간장달걀양배추밥 140
바나나브레드 172
달당샐러드 174
포테이토 퀘사디아 176
구아우니 204
닭안심버섯 에그머핀 206
단호박요거트케이크 208
영양달걀빵 210
양배추콘치즈빵 234

닭고기
치킨누들수프 158
닭고기채소 프리타타 170
요거트촉촉 닭다리구이 182
치킨토마토라이스 186
탄두리윙치킨 192
닭다리살 감자전 196
고소미바사삭치킨 200
닭안심버섯 에그머핀 206

당근
당근치즈볼 90
단호박당근 에그슬럿 98
사과당근프리터 100

당근마카다미아수프 152
치킨누들수프 158
달당샐러드 174
양배추당근 코울슬로 194
당생이볼 224
사과당근카스테라 230
당근케이크맛 쫀득볼 236
아보에그소스(&기버터 당근구이) 242

두부
두부크림 들깨오트밀죽 60
배추강된장두부 62
두부버섯 사골리소토 66
두부양배추오믈렛 74
카레두부채소전 102
구운두부 달걀덮밥 110
토마토마파두부덮밥 124
오코노미야키덮밥 126
데리야키 가지두부덮밥 130
두부함박스테이크 190
두부감자떡 222

된장
배추강된장두부 62
사골숙주쌀국수 144

돼지고기
배추강된장두부 62
목살숙주덮밥 116
토마토마파두부덮밥 124
두부함박스테이크 190
라구베이스(화이트라구소스·토마토라구소스) 248

미역·매생이
미역달걀덮밥 120
당생이볼 224

바나나
베지오트바 56
바나나아몬드 팬케이크 88
콜리바나나 저당아이스크림 166
바나나브레드 172
바나나타르트 214
바나카도 오트밀머핀 226
당근케이크맛 쫀득볼 236

버섯
흰살생선 달걀밥찜 54
두부크림 들깨오트밀죽 60
두부버섯 사골리소토 66
새우버섯 납작쫀득전 68
아보크림리소토 86
닭안심버섯 에그머핀 206
버섯페이스트 240

브로콜리
콜리플라워와플 58
브로콜리치즈프리터 92
감자새우랑땡 96
그린스무디 162
닭고기채소 프리타타 170
달당샐러드 174
연어해시브라운 184

사과
케일사과 팬케이크 82
사과당근프리터 100
밤사과소보로빵 216
사과당근카스테라 230

새우
새우버섯 납작쫀득전 68
감자새우랑땡 96
오코노미야키덮밥 126
보들달걀새우덮밥 128
탱탱새우가지덮밥 138

소고기
타코라이스 70
로제소고기리소토 72
초간단 김밥전 80
5분 비빔밥 108
가지소고기밥 114
5분 소고기콩나물밥 122
우삼겹배추덮밥 136
소고기토마토스튜 156
단호박미트파이 178
궁중파스타 180
두부함박스테이크 190
라구베이스(화이트라구소스·토마토라구소스) 248
만능소고기볶음 258

숙주
목살숙주덮밥　116
사골숙주쌀국수　144

시금치
시금치코코넛카레밥　118
단호박미트파이　178
시금치고구마 치즈호떡　232

아보카도
아보크림리소토　86
구아우니　204
바나카도 오트밀머핀　226
아보에그소스(&기버터 당근구이)　242

양배추·배추
배추강된장두부　62
양배추명란 삼각김밥　64
두부양배추오믈렛　74
오코노미야키덮밥　126
양배추김덮밥　134
우삼겹배추덮밥　136
간장달걀양배추밥　140
그린스무디　162
양배추당근 코울슬로　194
양배추콘치즈빵　234

애호박
애호박크레페　76
고등어마요밥볼　84
크리미애호박파스타　188

우유
두부크림 들깨오트밀죽　60
로제소고기리소토　72
아보크림리소토　86
크리미애호박파스타　188

채소·자투리 채소
라따뚜이순두부 샥슈카　52
베지오트바　56
초간단 김밥전　80
고등어마요밥볼　84
카레두부채소전　102
단호박피자슬럿　104

5분 비빔밥　108
시금치코코넛카레밥　118
닭고기채소 프리타타　170
궁중파스타　180
치킨토마토라이스　186
영양달걀빵　210

치즈
콜리플라워와플　58
두부양배추오믈렛　74
당근치즈볼　90
브로콜리치즈프리터　92
연근치즈전　94
단호박피자슬럿　104
포테이토 퀘사디아　176
닭안심버섯 에그머핀　206
영양달걀빵　210
멸치즈팝　228
시금치고구마 치즈호떡　232
양배추콘치즈빵　234

콩·땅콩
완두콩국수　146
병아리콩 브라우니　218
땅콩그릭샌드　220
땅콩소스　244
고구마후무스　250

콜리플라워
콜리플라워와플　58
콜리플라워밥(저탄수밥)　142
콜리바나나 저당아이스크림　166

토마토
라따뚜이순두부 샥슈카　52
타코라이스　70
소고기가지 토마토범벅　78
토마토마파두부덮밥　124
소고기토마토스튜　156
레드스무디　164
치킨토마토라이스　186
라구베이스(화이트라구소스·토마토라구소스)　248
어린이토마토케첩　252

영양사 다른맘의
오늘, 아이 첫 끼
© 정은주 2025

초판 1쇄 발행   2025년 10월 27일
초판 2쇄 발행   2025년 11월 17일

지은이.   정은주
펴낸이.   최혜진

디자인.   STUDIO 보글
사진 보정.   이원재(봄스튜디오)

종이.   월드페이퍼
인쇄.   한영문화사
물류.   우진물류

펴낸곳.   온포인트
출판등록.   제2023-000090호
주소.   서울시 금천구 디지털로9길 65 203호
전화.   070-7514-3546
메일.   onpoint-books@naver.com
인스타그램.   @onpoint_books

ISBN   979-11-985162-8-2 (13590)

:: 이 책의 판권은 저작권자와 출판사에 있습니다. 양측의 서면 동의 없이는 어떤 방식으로도
   책의 내용을 이용할 수 없습니다.
:: 잘못된 책은 구입하신 서점에서 바꾸어 드립니다.